“十三五”普通高等教育本科系列教材

电力市场营销管理

（第三版）

刘秋华　编著

中国电力出版社
CHINA ELECTRIC POWER PRESS

内 容 提 要

为适应新一轮电力体制改革，本书在第二版的基础上对内容进行了大幅度修订：以最新的电力体制改革为依据，以发电企业面临的发电市场和售电企业面临的售电市场两个层面展开，全面介绍了电力市场营销管理的理论和方法。本书共分十章，内容包括电力市场与电力市场营销、电力市场调查、电力需求预测、电力市场细分与目标电力市场、电力购买行为分析、电力市场竞争策略、电力产品与服务策略、电价策略、电力销售渠道策略、电力促销策略。

本书可作为普通高等院校市场营销等专业的教学用书，也可作为高等成人教育相关专业的教学用书，还可供从事电力市场营销管理的有关人员参考。

图书在版编目（CIP）数据

电力市场营销管理/刘秋华编著. —3版. —北京：中国电力出版社，2015.6（2025.7重印）
“十三五”普通高等教育本科规划教材
ISBN 978-7-5123-7593-2

Ⅰ.①电… Ⅱ.①刘… Ⅲ.①电力工业－市场营销学－高等学校－教材 Ⅳ.①F407.615

中国版本图书馆CIP数据核字（2015）第077573号

中国电力出版社出版、发行
（北京市东城区北京站西街19号 100005 http://www.cepp.sgcc.com.cn）
三河市航远印刷有限公司印刷
各地新华书店经售
*
2004年7月第一版
2015年6月第三版 2025年7月北京第十七次印刷
787毫米×1092毫米 16开本 9.25印张 219千字
定价 **26.00** 元

前　言

2015 年 3 月 15 日中共中央和国务院联合发布了《关于进一步深化电力体制改革若干意见》，开始了新一轮电力体制改革。新电改方案可以归纳为"三放开、一独立、三加强"，"三放开"是指有序向社会资本放开配售电业务，有序放开输配以外的竞争性电价，有序放开公益性、调节性以外的发电计划用电；"一独立"是指推进相对独立、规范运行的电力交易机构；"三加强"是指强化政府监管、强化电力统筹规划、强化电力安全和可靠性供应。其中最大的亮点是向社会资本放开配售电业务。可见，新电改方案将激发市场活力。

因此，随着电力体制改革的深入，将逐渐形成两级电力市场：发电市场和售电市场。发电企业和售电企业也将逐渐成为面向不同电力市场的竞争主体，电力市场营销工作将日益被发电企业和售电企业所重视。电力作为一种商品，既然形成了市场，就存在商品交换，就需要进行市场营销活动。电力生产的特殊性和电力产品的特殊性决定了电力市场营销活动与一般商品的市场营销活动具有很大的不同。

本书在第二版的基础上进行了全面修订：以最新的电力体制改革为依据，从发电企业面临的发电市场和售电企业面临的售电市场两个层面展开，全面介绍了电力市场营销管理的理论和方法。

本书共十章，分别介绍了以下六个方面的内容：①电力市场与电力市场营销；②电力市场营销的两项基础工作：包括电力市场调查与电力需求预测；③电力市场细分与目标电力市场选择；④电力购买行为分析；⑤电力市场竞争策略；⑥电力市场营销组合策略：包括电力产品与服务策略、电价策略、电力销售渠道策略和电力促销策略等。

本书具有如下特点：①充分体现学科的先进性和系统性。电力市场营销是适应电力市场改革需求形成的一门新学科，本书的编写紧跟电力市场改革的前沿，充分吸收电力市场营销管理的最新成果，构思了新颖的编写体系和编写理念，针对电力行业的背景，全面系统地介绍了电力市场营销管理的理论和方法，充分体现了学科的先进性和系统性。②具有创新性。本书以市场营销理论为基础，以电力行业为背景，以发电企业面临的发电市场和售电企业面临的售电市场两个层面展开，形成了崭新的电力市场营销理论，创新性强。③充分体现专业课的需要。电力市场营销管理是电力市场营销专业的一门专业核心课程，也是其他电类专业的一门专业课程或专业选修课程。本书主要适用于上述专业的本科生以及从事电力市场营销工作的相关人员学习电力市场营销管理理论使用，具有较强的实用性。

目前，电力市场营销管理方面的书籍较少，本人专门从事市场营销方面的教学和研究多年，并且具有丰富的电力系统工程背景，对电力市场营销管理也进行了大量专门的研究。本书是本人长期研究基础上的一本个人专著，由于水平有限，加之电力市场营销管理工作的特殊性和复杂性，如书中有错误的提法或不足之处，请批评指正。

刘秋华
2015 年 5 月

目　录

第一章　电力市场与电力市场营销

学习目标

（1）掌握电力市场的基本概念。
（2）理解电力市场的分类。
（3）掌握电力市场的要素。
（4）了解电力市场的特点。
（5）理解电力市场的基本原则。
（6）掌握电力市场的运营模式。
（7）了解中国电力市场改革的发展与趋势。
（8）了解国外电力市场的改革。
（9）掌握电力市场营销的基本概念。
（10）了解电力市场营销的特点和作用。
（11）掌握电力市场营销的观念。

第一节　电力市场概述

一、电力市场概念与分类

（一）电力市场基本概念

现代意义的市场一般有狭义和广义之分，狭义的市场是指商品交换的场所；广义的市场是指商品交换关系的总和。在这种交换关系中既包含需求方也包含供给方，是买卖双方或供求双方之间构成的相互联系、相互制约的一个统一体。

电力作为一种商品同其他商品一样具有价值和使用价值。但是在计划经济体制下，人们对电力是商品的认识不够，对电力市场的概念模糊。加之电力工业本身具有电力产品的无形性，电力生产、供应和销售的瞬时性，电网经营的垄断性，电价的政策性等特点，使我国电力市场至今尚未完全形成。

从世界各国电力工业发展的趋势来看，传统的自上而下的垂直型管理模式受到市场的严峻挑战，在电力工业中最大限度地引进竞争机制，已被大多数国家接受。随着社会主义市场经济体制的建立，电力工业体制改革的逐步深入，培育与发展电力市场已是大势所趋。因此有必要对电力市场的概念形成一个统一认识。

所谓电力市场是指采用经济、法律等手段，本着公平竞争、自愿互利的原则，对电力系统中发电、输电、供电和用电等环节组织协调运行的管理机制、执行系统和交换关系的总和。

可见，电力市场的基本概念包括以下要点：

（1）电力市场首先是一种管理机制，这种机制与传统的行政命令的机制不同，它不完全采用行政手段，而是主要采用经济和法律的手段进行管理。

（2）电力市场的基本原则是公平竞争、自愿互利。

（3）电力市场是体现上述管理机制的执行系统，包括贸易场所、计算系统和通信系统等。

（4）电力市场是体现电力买卖双方交换关系的总和。

（二）电力市场分类

电力市场也有广义和狭义之分。广义的电力市场可以分为电力建设市场、电力生产经营市场和电力多元化经营市场。其中，电力建设市场是指电源和电网建设的市场；电力生产经营市场是指电力产品生产、输送和销售的市场；电力多元化经营市场是指电力企业开发的电力主业以外的市场。狭义的电力市场主要指电力生产经营市场，简称电力市场。本书主要探讨狭义的电力市场，下面是电力市场的几种具体表现形式。

1. 按交易形式进行分类

以交易形式为依据，电力市场可以分为期货与期权交易市场、中长期合约市场、日前交易市场、辅助服务市场和实时交易市场。

（1）期货与期权交易市场。期货合约是指按期货交易所制定的、交易双方指定的交易所规定的交易规则，达成在规定时间和地点交割一定期货商品的标准化契约。期货交易是指按照一定规章制度进行的期货合约的买卖。期货市场就是进行期货交易的场所。场内经纪人、投机者和套期保值者等构成了期货市场的基本要素。期权合约是指期权买方向卖方支付了一定数额的权利金后，即获得的在规定的期限内按事先约定的敲定价格买进或卖出一定数量相关商品期货合约权利的一种标准合约。期权合约的构成要素主要有买方、卖方、权利金、敲定价格、通知和到期日等。期权交易就是对这种权利进行的交易。电力期货市场和电力期权市场都是在电力现货市场之外衍生的纯粹金融市场。建立电力期货市场和期权市场是为了利用这些金融市场手段稳定市场价格，为市场参与者规避风险。目前，美国、英国、澳大利亚和北欧等国家地区均建立了电力期货或期权市场。

（2）中长期合约市场。中长期合约交易是根据预先签订的合同所商定的付款方式买卖电量，在一定时期内进行实物交割的交易。它可以通过竞价产生，也可以双边签订。中长期合约市场分为年度合约市场和月度合约市场，通常通过年度合约和月度合约交易的电量占整个电力市场该时期内交易电量的70％～80％，是保证电力市场稳定运行的重要手段。

（3）日前交易市场。日前交易市场也称现货交易市场，是在每个交易日的前一天进行的交易。具体做法是：首先，交易中心将合约市场中签订的合同电量在交易日各交易时段进行出力安排；然后，向各个机组公布日前市场需要进行竞价的总负荷和各机组合约市场分配的出力；最后，各机组将所剩余的容量通过交易中心或双边合约形式在日前市场中进行交易。

（4）辅助服务市场。为了保证电力系统的安全稳定运行，完成电力输送功能，要求发电企业必须向电网提供各种辅助服务。辅助服务通常包括：①有功频率控制（AGC）；②旋转备用；③非旋转备用；④替代备用；⑤无功及电压支持；⑥恢复及黑启动。在电力市场条件下，电网不能再无偿地要求发电企业或电力用户提供辅助服务。建立电力辅助服务市场就是为了在市场条件下实现各种辅助服务的交易决策、管理和定价。辅助服务市场通常是在日前交易市场之后、实时交易市场之前进行的交易。

（5）实时交易市场。由于受天气、电网故障等偶然因素的影响，日前交易市场制定的发电计划给出的电网出力水平与在实际执行该计划时的负荷水平必然存在一定的偏差。AGC机组会在很短的时间首先响应这种偏差，系统各种备用将被调用。但如果偏差太大，系统的备用水平将会下降，系统安全性受到影响，为此需要实时交易市场进行补充。为了保证系统的安全，交易中心必须在当天每个交易时段发布实时调度指令，组织实时交易市场增减系统出力，恢复系统的备用水平。实时交易市场从 15min 到几小时，通常每个交易时段为 15min。

图 1-1 给出了电力市场运作的时间关系。

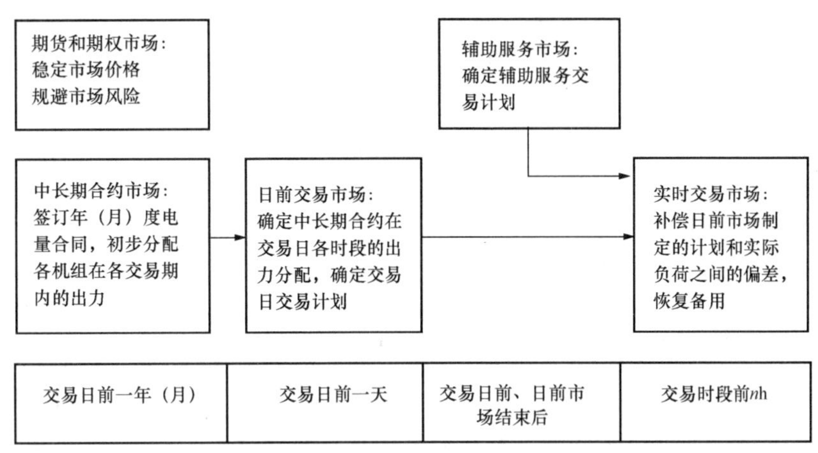

图 1-1　电力市场运作时间关系图

2. 按发展过程或服务对象进行分类

以发展过程或服务对象为依据，电力市场可以分为发电市场、电力批发市场和售电市场。

（1）发电市场。从电力市场发展的过程看，首先形成的是发电市场。所谓发电市场是指在电力的生产、输送和销售中，仅仅在发电侧形成市场，输电和配电仍然实行垄断经营，各发电企业通过竞价上网将电力销售给电网经营企业，电网经营企业独家将电力销售给广大电力用户。可见，发电市场服务的对象是电网经营企业。按经济学原理进行分析，市场通常分为完全垄断市场、完全竞争市场、垄断竞争市场和寡头垄断市场。由于建造发电厂的自然资源有限，投资和技术要求都很高，从而决定了发电厂的进入和退出壁垒较高，发电厂的数量有限。因此发电市场不可能是完全竞争市场；同时由于垄断竞争市场最显著的特征是产品的差异性，而竞价上网使上网的电量是同质的，这又决定了发电市场也不可能是垄断竞争市场；现实中，发电企业不可能只有一家，因此，发电市场不可能是完全垄断市场，只能是一个寡头垄断市场。由于产品是同质的，发电市场的竞争主要是价格竞争。

（2）电力批发市场。所谓电力批发市场是指在电力的生产、输送和销售中，各独立发电企业根据公平竞争规则实行竞价上网，允许电力大用户通过电网经营企业的输配电网直接从发电企业购买低价的电力，形成电力批发市场。可见，电力批发市场的服务对象是电力大用户。由于输配电网的建设投资巨大，需要统一规划，同一个地区不应建设两个以上的电网，这就决定了电力批发市场是一个完全垄断市场。从经济学的角度来讲，完全垄断市场虽然具有规模效益显著、实力强大等优点，但缺点非常明显：垄断者可以获得高额利润；由于垄断经营使厂商没有降低成本的内在动力，成本往往居高不下；垄断经营意识使服务质量差等。

（3）售电市场。售电市场也称为电力零售市场，指发电、输电和售电三者相分离，发电企业竞价上网，电网经营企业开放输配电网，售电商负责通过交易中心将电力从发电企业或电网经营企业买进，再将电力零售给广大电力用户。可见，电力零售市场的服务对象直接是电力用户，包括电力大用户和普通电力用户。由于零售商负责按合同保证向用户提供供电服务并进行经济结算，所需的硬件投资不多，也不受自然资源的限制，需要的只是良好的服务和可靠的信誉。因此，进入和退出该行业比较容易，售电商的数量很多，所以，电力零售市场不可能是完全垄断市场，也不可能是寡头垄断市场。虽然售电商销售给用户的电能是同质的，但为用户提供的服务和安全可靠性保障是有差异的，因此，电力零售市场也不可能是完全竞争市场。所以，电力零售市场是一个垄断竞争市场，其垄断性体现在用户购买的是同种同质产品，价格差异不大，其竞争性主要体现在服务和保障是有差异的。垄断竞争市场与完全竞争市场相比虽然存在生产不足、生产效率未达到最高、资源利用不充分等弊端，但现实中基本不存在完全竞争市场，垄断竞争市场已经是一种很好的市场结构。垄断竞争市场与完全垄断市场、寡头垄断市场相比，其生产效率更高，资源利用更充分，价格更便宜，利润更合理，对企业和消费者更公平。因此，在现实中是一种可以实现的、较理想的市场模式。

2002年，我国实行电力体制改革，开始进行“厂网分开”，分别对发电资产和电网资产进行重组。对国家电力公司管理的发电资产进行重组后，组建了五家发电公司：中国华能集团公司、中国大唐集团公司、中国国电集团公司、中国华电集团公司和中国电力投资集团公司。对电网资产进行重组后，设立了中国国家电网公司和中国南方电网有限公司，并由国家电网公司负责组建了华北、华东、东北、西北、华中五大区域电网公司。中国南方电网有限公司实行计划单列。

目前，新一轮电力体制改革即将展开，《关于进一步深化电力体制改革的若干意见》即新电改方案已于2015年3月15日公布，其基调就是“三放开、一独立、三加强”。

“三放开”是指有序向社会资本放开配售电业务，有序放开输配以外的竞争性电价，有序放开公益性、调节性以外的发电计划用电；“一独立”是指推进相对独立、规范运行的电力交易机构；“三加强”是指强化政府监管、强化电力统筹规划、强化电力安全和可靠性供应。其中最大的亮点是向社会资本放开配售电业务。可见，新电改方案将激发市场活力。

3. 按层次进行分类

依据层次不同，电力市场可以分为国家级电力市场、区域电力市场、省级电力市场、地区级电力市场和县市级电力市场。

（1）国家级电力市场。国家级电力市场具有以下职能：主要负责全国电力市场的研究与监督，如制定法规、仲裁纠纷等；负责国家电力市场的操作，如三峡等超大型跨网电厂和网间的能量调度。其操作内容包括：各网级负荷预测，各大水系水文预报，全国燃料平衡计划与监视，各大水库调度与监视，各网级电价预报，各网级电力交易计划与监视，各网级交易结算等。

（2）区域电力市场。区域电力市场具有以下职能：监督各省级电力市场；负责区域电力市场的操作。其操作内容包括：网间交换（售电、购电），网级电厂购电，向各省售电，省间交换（售电、购电），网、省级负荷预测，网级发电计划（包括水电计划、检修计划、备用计划），网级电价预报（包括售电价、购电价、转运电价），网、省级电力交易计划，网级交易结算等。

（3）省级电力市场。省级电力市场具有以下职能：监督地区级电力市场；负责省级电力市场操作。其操作内容包括：从网级电力市场购电，省间交换（售电、购电），省级电厂购电，向地区售电，省、地区负荷预测，省级发电计划（包括水电计划、检修计划、备用计划），省级电价预报（售电价、购电价、转运电价），省级电力交易计划，省级交易结算。

（4）地区级电力市场。地区级电力市场具有以下职能：监督县级电力市场；负责地区级电力市场操作。其操作内容包括：从省级电力市场、自备电厂、小水电购电，向县级电力市场、大用户售电，地、县级负荷预测，小水电预报，地区级电价预报，地区级电力交易计划，地区级交易结算。

（5）县市级电力市场。县市级电力市场具有以下职能：负责县市级电力市场的操作。其操作内容包括：从地区级电力市场购电，从小水电购电，向用户售电，县级负荷预测，小水电预测，县级负荷管理，县级电价预报，县级电力交易计划，县级交易结算。

二、电力市场构成要素和特点

（一）电力市场构成要素

为保证电力市场的正常运行，电力市场需要以下六个基本要素构成。

1. 电力市场主体

市场主体是指进入市场的，有独立经济利益和财产，享有民事权利并承担民事义务的法人和自然人。包括自主经营和自负盈亏的企业、作为商品交换当事人的政府、社会集团和有独立经济能力的个人等。

按在社会再生产中所起的作用不同，市场主体可分为商品生产者、商品消费者、商品经营者和市场管理者。如对电力市场来讲，商品生产者是指各种发电企业，为电力市场提供不同电压等级的电力产品；商品消费者是指各类电力用户，是电力商品的购买者，有时各电力企业之间也可能互为用户；商品经营者是指电网经营企业，起到电力生产者与电力消费者联系的媒介作用；市场管理者是指以国家和各级政府有关管理机构的职能身份出现的，起着组织协调、管理监督等方面的作用，推动电力市场合理运转的一种特殊当事人。

2. 电力市场客体

市场客体是指市场上买卖双方的交易对象，市场上的各种商品都是市场的客体。对电力市场而言，电力市场的客体就是电力产品，包括电力和电量，电力的单位是 kW，电量的单位是 kW·h。电力产品作为一种特殊的商品同样具有价值和使用价值。电力商品的价值是指电力产品在生产时所消耗的社会必要劳动时间。电力产品的使用价值是由其自然属性决定的，电能可以根据需要转化为热能、光能、机械能等。使用价值是构成社会财富的物质基础。一切商品作为使用价值，在质上是不同的，但作为价值，在质上是相同的。

3. 电力市场载体

市场载体是指市场主体对市场客体进行交换的物质基础。一般意义上的市场载体包括网点设施、仓储设施、运输设施、通信设施和商品交易的场所设施等。对电力市场而言，市场载体就是电力网，包括输电网和配电网。由于电力网的建设周期长、投资大，因此，同一地区只规划建设一个电力网，不重复建设。

4. 电力市场价格

电力市场价格简称电价，电价可以按照不同的标准分类，通常按生产流通环节对电价进行分类，可以分为上网电价、输电电价和销售电价。上网电价是指独立核算的发电企业向电网经营企业提供上网电量时与电网经营企业之间的结算电价。输电电价，也称输电服务费用，是指电网经营企业在向电力大用户提供转供服务时，与大用户或发电企业之间的结算电价。销售电价是指售电企业根据电力综合成本，按照不同用电性质形成的电价。由于电能的用途或来源不同，造成销售电价不同。销售电价主要分为居民生活用电电价、非居民照明用电电价、商业用电电价、普通工业用电电价、非工业用电电价、大工业用电电价、农业生产用电电价和趸售电价等八类。

5. 电力市场运行规则

电力市场运行规则分为体制性规则和运行性规则两类。

(1) 体制性规则。体制性规则包含在承认和维护财产所有权的有关法律之中，主要保证市场运行主体的财产所有权及其合法利益不受侵犯。

(2) 运行性规则。运行性规则包含在政府有关市场活动的法规和条例之中。包括进入市场的各种主体的行为规范以及处理各种主体之间相互关系的准则。这些规范和准则明确规定了市场上所不允许的行为，要求任何市场主体只能在不损害公众利益的前提下追求和实现自己的利益。运行性规则包括市场进入规则、市场交易规则和市场竞争规则。市场进入规则主要是对市场主体的规定，市场主体是指符合《公司法》规定的法人资格条件的电力企业，各类电力企业进入电力市场都要按国家规定和市场规则操作。市场交易规则是指电力企业之间的交易行为都应按《合同法》的规定，在自愿、等价、互惠的基础上，签订经济合同，规范责任、权利和利益。市场竞争规则是指要创造平等竞争的条件，并遵循竞争规则。为了保证电力市场有序运行，必须制定严密的市场运行规则，其核心是引入竞争机制，保证电力市场进行公平、有序的竞争。

6. 电力市场监管

市场监管通常是指依靠经济组织、行政组织和司法组织，按照市场管理规则和市场运行规则，对从事交易活动的市场主体行为以及市场运行过程进行监督的活动。

市场监管在市场管理中起着重要的作用，不仅有助于克服市场经济自身的盲目性，及时调整各经济成分之间的利益分配，而且有助于市场管理机构执法的严明公正。

对于电力市场而言，各级电力市场都必须有专门的监督机制，其主要职能是监管电力市场的交易行为和竞争行为，处理不公平竞争和违反法律、法规的行为，并对电力市场运行中发生的纠纷、争议和投诉进行调节和仲裁。

我国电力体制改革中，专门成立了国家电力监管委员会（现国家能源局），按照垂直管理体系，向区域电网公司电力交易调度中心派驻代表机构。国家电力监管委员会的主要职责是制定电力市场运行规则，监管市场运行，维护公平竞争；根据市场情况，向政府价格主管部门提出调整电价的建议；监督检查电力企业生产质量标准，颁发和管理电力业务许可证；处理电力市场纠纷；负责监督社会普遍服务政策的实施。

（二）电力市场特点

电力产品是一种特殊的产品，电力的生产、输送和销售也具有特殊性，因此，电力市场具有如下特点：

（1）发电市场具有竞争性。电力市场的发电环节和电网环节之间具有不同的技术、经济特性。发电环节不具有自然垄断性，各发电企业可以竞价上网。一些发达国家在发电环节中引入竞争机制，开放发电环节的成功经验已经证明了这一点。我国电力工业实行“厂网分开”，在同网、同质、同价的原则下，发电企业竞争上网的趋势已不可逆转。这也有力地说明了发电市场具有竞争性。

（2）发电市场进入壁垒大。由于电源建设投资巨大，因此，发电厂的建设需要有严格的可行性研究和审批程序，这就使得发电企业的数量有限，具有较高的进入壁垒。

（3）输电环节具有垄断性。由于电网建设必须统一规划，不可能重复建设，对一个特定地区通常只有一个电网，因此，输电环节具有自然垄断性。但转供使电网环节具有开放性，电力用户可以通过电网经营企业的输配电网直接向发电企业购电。

（4）电力市场的计划性强。与普通的商品市场相比，电力市场的各个环节是相互联系的，电能的生产、输送和使用要求瞬时性，任何一个环节都会对整个电力系统产生影响。因此，要求电力市场中电力的生产、交换和使用具有计划性。

（5）用电需求弹性低。电力作为一种准公共产品，用途非常广泛，涉及国民经济各个方面和千家万户，电价水平的高低对电力需求的影响较低。因此，用电需求弹性低。

（6）电力产品存储成本高。电力生产、输送和销售具有瞬时性，电力产品不能大量存储，虽然可以通过蓄电设备少量存储但存储成本较高。

（7）存在输电约束。发电企业生产的电力需要通过一定的输电网络输送，输电网络的输送能力将会制约电力输送。因此，存在有些交易由于输电能力问题无法实现，从而限制了用户选择供电对象。

（8）存在输电损耗。发电企业生产的电力在通过电力网输送时将发生电能损耗，这将在一定程度和范围上打击大用户远距离购电的积极性。

（9）电力用户具有能动性。与传统的电力系统相比，电力市场中的电力用户具有能动性，能自由地选择贸易对象，一般将用户称为客户。

（10）电力市场环节的双重性。与传统电力系统相比，电力市场中某些环节具有双重身份。如当某电力公司有富裕的电能向其他电力公司输送时，该电力公司具有供应者的身份，而当需要从其他电力公司购买电能时，该电力公司又具有需求者的身份。

三、电力市场运行基本原则

建立电力市场的目的是在电力系统中引入竞争机制。一个充满竞争的电力市场中，参与者之间都是平等的。所以电力市场运行最基本的原则是公平。这表现在以下两个方面：一是对发电企业，平等的环境能够促进竞争，激励各发电企业提高生产效率，降低成本，增加活力；二是对用户，按真实的供电成本收费，尽量减少用户补贴是保证用户之间平等的根本点。同时，为了保证电力市场公平竞争的原则，还必须做到：电力市场要有公开性，包括成本、定价、计量、计划等公开，以便监督；扩大自由选择权利，保证电网的公开性；建立有关的法令、规约，以便使竞争规范化。

（一）要保证发电企业之间平等

在电力市场中，发电企业最关心的问题有两个，即上网电价和发电计划。

上网电价是指独立核算的发电企业向电网经营企业提供上网电量时与电网经营企业之间的结算电价。按统一上网电价结算，有利于鼓励各发电企业降低成本，挖掘潜力，提高效率。如果发电企业的边际运行成本比上网电价低得越多，则获利越多；如果发电企业的边际运行成本高于上网电价，则将失去发电机会；如果发电企业的边际运行成本大致等于上网电价，则将无利可图。

发电计划一般分为年度计划、月计划和日计划，月计划是年度计划细分的结果。电力体制改革之前，年度发电计划的编制主要由政府根据机组的类型对各类机组下达，确定机组年度发电利用小时数，通常同类型机组的年度利用小时数大致相同，然后根据用电负荷的实际需要，保证同类型机组完成的比例大致相当。日计划主要根据各发电企业或机组的煤耗微增率，按全网煤耗最低的原则编制。随着“厂网分开”的深入开展，竞价上网已经势在必行。电网经营企业将根据全网购电成本最低的原则，对各发电企业在各时段的报价进行排序，按照报价高低确定发电企业的发电计划。

（二）要保证电力用户之间平等

1. 电力用户是一切经营活动的出发点

在电力市场中，电力用户与经营者之间的关系与其他商品市场中用户与经营者的关系不同，电力用户在电力市场中处于特殊地位。电力用户与电力生产者、电力经营者之间由电力线路、电力潮流连接在一起，成为利益共同体。电力用户居于电力市场中，是牵动一切电力活动的源头。主要表现在：

（1）电力生产量和输送量必须与电力用户的需要量一致。

（2）电力网与电力用户连接点的电压必须与电力用户用电设备的电压相一致。

（3）电力生产者与输送者的费用全部来自电力用户支付的电费。

（4）在电力生产与输送时发生的生产事故，不仅损害电力企业的利益，也会损害电力用户的利益。

（5）电力生产和经营的效率和效益的高低，不仅与电力企业的利益相联系，更与电力用户的利益相联系。

（6）电力建设发展的增长率必须与电力用户的增长率相一致，电力不足与电力过剩都会损害电力企业的利益，也会损害电力用户的利益。

由此可见，电力用户是电力建设和经营活动的中心，电力市场的所有工作都是围绕电力用户展开，电力用户是一切经营活动的出发点和落脚点。

2. 从电力负荷到电力用户

随着计划经济体制向市场经济体制的转变，对电力用户地位的认识也在发生着转变。在传统的电力系统中只有负荷的概念，没有真正意义上的用户的概念。电力部门将负荷看作是固定的、被动的，没有协作和理性的受控制的终端。在电力市场中，负荷通过用户参与到市场中来，用户作为负荷的代表被看作是电力市场的成员，既参与竞争又参与协作，因此用户具有能动性。从电力负荷到电力用户，是一个重要的观念转变。发挥用户的能动性，进行竞争和协作，将为电力市场的各方成员带来效益。

3. 如何做到电力用户之间平等

在电力市场中，必须保证电力用户是平等的，但这并不意味着电力用户的电价是绝对一样的。由于电力用户用电水平和性质的不同，如果对不同种类的电力用户收取相同的电费，实际上是将供电费用绝对分摊，必然造成供电成本低的用户补贴供电成本高的用户，这实际上是不公平的，也是不平等的。

真正的平等，必须按电力用户的实际供电成本收费，对不同用电种类，进行公平合理的成本分摊，尽量减少电力用户之间的补贴。可依照以下不同情况分别处理。

（1）对不同电压等级的用户。不同电压等级的电力用户，因其所需的输电网络和变电、配电设备不同，在制定电价时应考虑电压等级的影响。一般而言，电压等级高的用户，所需的配电设备较少，电价较低；反之，电压等级较低的用户，所需的配电设备较多，电价应较高。

（2）对不同用电情况的用户。由于各种电力用户用电情况不同，有的容量大、负荷率低、用电量少；有的容量小、负荷率高。所以应将供电成本分为固定费用和可变费用。固定费用是与供电设备容量有关的费用，可变费用是与使用电量有关的费用。在电价中，相应地分为容量（电力）电价和电量电价，这就是通常所讲的两部制电价。

（3）对消耗不同无功功率的用户。电力用户负荷的无功功率对供电设备的充分利用和电压质量影响很大。为了考虑这种影响，应该制定无功电价，按照用户实际消耗的无功电量计算无功电费，从而可以合理地分摊系统的无功供电成本。

（4）对供电可靠性要求不同的用户。电能的不可储存性，决定了电力商品的特殊性，即电力生产必须与电力需求相匹配。但由于电力需求变化的随机性和发、输、变、配电设备故障的随机性，不可能保证绝对连续不断地供电，可能出现紧急停电。一般根据对供电可靠性的不同要求，将电力用户分为三类：第一类用户为重要用户，对于这类用户，如果计划停电或事故停电，可能对政治、经济及公民生命财产造成重大影响和损失，因此这类用户享有最高的供电可靠性；第二类用户政治、经济地位的重要性不如第一类用户，计划停电或事故停电虽然会造成较大的损失，但可能不是不可挽回的，对这类用户电力系统至少要提供中等程度的供电可靠性；第三类用户的政治、经济地位更低，与人民的生命财产和安全并无关系，中断这类用户的供电带来的损失最小。当电力系统由于容量不足，或出现事故停电要限制用电时，首先被拉闸限电的就是第三类用户，因此这类用户的供电可靠性最低。电力市场中要体现对用户的公平性，就必须对不同供电可靠性水平的用户制定不同的电价，收取不同的电费。当用户选择了一定的供电可靠性水平后，如果供电可靠性水平未达到，则电力企业应对电力用户进行赔偿。赔偿金额可以参照《供电营业规则》中的有关规定制定。

（5）对用电时间不同的用户。由于电力需求的随机变化，或发电、输电、变电、配电设备的故障，电能的供需情况是不断变化的，供电成本也随之变化。即使同一用户，不同时间用电时，供电成本也是不同的。为了反映这种差别，可以使用峰谷分时电价或丰枯季节电价。

（三）电力市场要具有公开性

在电力市场中，为保证贯彻公平性这一基本原则，必须具有一定的公开性，以便监督。电价是电力市场中各市场主体最关心的问题，因此发电企业的上网电价和电力用户的销售电价必须公开。发电企业根据上网电价，随时了解电厂的运行经济状况，电力用户可依据销售电价制定最优用电计划和调整用电结构。

输电电价即输电服务费用，也是电力市场中各市场主体关心的问题，必须明确收费标准并向公众公布，以便在选择不同贸易方式时作为经济比较的依据，必要时还可以采取价格听证制度。电力市场必须使参与者了解电力市场的管理、运行方式。

（四）电力市场参与者要具有自由选择权利

单纯从市场角度来看，市场应能满足参与者自由选择的权利，即供应方有自由选择用户的权利，用户也有自由选择供应方的权利。但电力市场有其特殊性，在垂直一体化的电力体制下，市场的参与者不具有自由选择的权利。随着电力市场的逐步开放，市场参与者选择的自由度越来越大。一般是先开放发电市场，然后逐步开放输电市场，此时大用户具有选择权，最后开放配电市场，此时大、小用户都具有了选择权。

（五）电力市场运行应有法律保障

由于电力产品的特殊性，要求电力市场在进行供需匹配时，还要负责电网的安全和稳定运行，因此电力市场运行必须有法律保障。另外，在进行贸易时，有关价格、赔偿等也应做到有法可依。《中华人民共和国电力法》以及相关法律法规的颁布，标志着我国电力工业的管理已经走上法制的轨道，但还需继续完善相关的法规制定工作，不断规范电力市场操作。

四、电力市场基本运营模式

从世界各国电力工业发展的历史来看，电力管理体制是在不断变革的，其变革的趋势是朝着完全竞争的市场结构发展。通常来说，电力市场包括两级市场：一是发电市场；二是售电市场。这两者构成了电力市场的供给与需求。在不同的电力管理体制下，电力市场运营模式大体上可以归纳为以下四种。

（一）垄断模式

垄断模式是集发电、输电、配电为一体，国家电力供应的全部或绝大多数由国家电力部或国家电力公司垄断经营，消费者为广大电力用户。这种模式是典型的垄断市场，也是一百多年来被世界大多数国家普遍采用的模式。

这种模式具有以下特点：

（1）垂直化管理。这种模式的发电、输电和供电高度统一，垂直一体化管理，配电部门有专门的营业区域。

（2）实行电价管制。为限制垄断利润，国家的公共事业权力机构有权通过法律、法规对电价实行管制。

（3）避免重复建设。在一段时期内对于电力工业的资金积聚、大规模的滚动发展、避免重复建设、统一电网规划和建设起到了其他模式所不能替代的重要作用。

随着电力工业的发展，电力供应范围的扩大，电力供需矛盾的缓和，垄断模式经济效率低、投资效益低、运营效益低的弊端逐步暴露出来，国家已不堪电力投资的重负，国有资产的保值责任难以落实。垄断模式已经不能适应电力生产发展的需要，必须引入竞争机制。

（二）发电竞争模式

发电竞争模式是在输、配电系统中实施垄断经营，允许在输、配电垄断经营的电力企业之外存在独立发电企业（IPP），由垄断经营企业（即电网经营企业）对独立发电企业生产的电力实行买断，然后独家将电力卖给广大电力用户。发电竞争模式在我国和美国发展较早，起到了促进电源建设的作用。

这种模式具有以下特点：

（1）出现了独立发电企业。允许多种经济形式的电厂存在，包括国家所有的电厂、私人电厂、独资电厂或合资电厂等，这些电厂统称为独立发电企业。

（2）发电领域引入竞争机制。为了保证不同经济成分的电厂平等参与竞争，发电企业根据公平竞争的原则实行竞价上网，保证上网电量同网、同质、同价。

（3）电网经营企业成为电网运行中枢。在这种模式下，独立发电企业将所发电力销售给电网经营企业，电网经营企业再将电力销售给广大电力用户。因此，电网经营企业既要承担电力销售工作，又要承担电网的安全稳定运行，是整个电网的运行中枢。

（4）电网通过电网经营企业进行电力交易。这种模式下，电网之间可以通过电网经营企业进行电力交易，但是不同电网的供电企业之间不能进行相互交易，这一点与垄断模式相类似。

随着电力工业的发展，供电企业和电力大用户纷纷要求变革，希望能直接向发电企业购电，获得更多的选择机会，因此，推动了电力市场运营模式向电力转运模式的发展。

（三）电力转运模式

电力转运模式是将发电、输电与配电相互分离，各发电厂成为独立的发电企业。各独立发电企业根据公平竞争的原则实行竞价上网，允许电力大用户直接从发电企业购买低价的电力，通过统一电网或互联电网予以运转。

所谓电力转运就是由发电企业和电力大用户直接签订购电合同，通过交纳输电服务费的办法利用输电、配电系统，由电网经营企业负责转运电力。

这种模式具有以下特点：

（1）发电领域竞争性增强。与发电竞争模式相同的是在发电领域引入竞争，仍然体现在电厂建设和电厂运营两个方面，不同的是在电厂的运营上，不仅体现在发电企业要根据公平竞争的原则实行竞价上网，同时体现在发电企业所发电力不必全部销售给电网经营企业，可以直接销售给电力大用户，因此发电领域竞争性增强。

（2）输电网络向电力用户开放。发电企业可以直接将电力销售给电力大用户，但必须通过电力网传输，因此，要求输电网向电力大用户开放，并有偿提供输电服务。

（3）电力大用户获得选择权。电力大用户获得选择供电对象的权利，既可以选择供电企业作为供电对象，也可以选择发电企业作为供电对象。但对运营区域内的普通用户的供电仍然实行专营垄断，即配电网是不开放的。

（4）买卖双方共同承担市场风险。销售电价不再由电网经营企业统一确定，而是由买卖双方根据电力需求变化情况协商确定。因此，市场风险不再由电网经营企业单独承担，而是由参与买卖的双方。

电力转运模式只允许部分电力大用户选择供电对象，这本身就是一种不平等的表现。因此，电力转运模式只是一种过渡模式，最终的发展方向是配电网开放模式，即零售竞争模式。

（四）配电网开放模式

配电网开放模式是将发电、输电、配电三环节相分离，各自成为独立的经营实体，三者之间的关系为电力买卖关系。不仅发电企业竞价上网，电力大用户可以通过电网经营企业直接向发电企业购买电力，而且零售用户也可以自由选择供电商。

这种模式具有以下特点：

（1）发电、输电和配电环节相分离。发电、输电和配电各自成为独立的经营实体，三者之间的关系为电力买卖关系。发电企业挂牌经营，电力大用户和零售用户不仅可以向电网经营企业购电，而且可以向网内的发电企业直接购电。本网的电力用户也可以通过输电商购买其他电网的电量。实现电力生产者的竞价上网和电力消费者对电力商品的差异购买。

（2）市场调节决定电价。按市场供需均衡原理，在一定程度上让市场调节决定电价。但考虑电力生产的特点，同时实行合约定价。

（3）强化国家监管。在发展市场调节功能的同时强化国家监管，但监管范围逐步缩小，特别是最大限度地缩小政府对电价的管制。

可见，配电网开放模式将发电、输电、配电三环节相分离，打破了传统的电力一体化管理模式，形成了电力供给的多家竞争格局，不仅为发电企业竞争上网和电力用户自主选择发电商、配电商创造了市场条件，而且为电力生产者与电力消费者之间形成真正的买卖关系，使电力充分显示其商品特性创造了市场条件。

实行配电网开放模式，必须具备一定条件：

（1）电力供需关系得到充分缓和，并出现供过于求的局面。即各发电企业的总供给除能满足所有电力用户的总需求外，还有充裕的备用容量，使得任何一部分电力企业或者任何一部分电力用户进入与退出电力市场都不会对电力供需平衡造成影响。

（2）电网的运营方式具有灵活性，能够适应运营条件的改变而引起的潮流变化，能够满足电力大用户直接或间接从互联电网上的发电企业购得电量。

（3）电价和收费高度透明，市场信息畅通，电力生产者与电力消费者对市场信息充分了解。

（4）有一套科学、合理的管理电力市场的法规和技术手段，设立了强有力的电力市场监督协调机构，能保证电力市场竞争的公平、公正、公开、有序。

（5）政府予以强有力的支持和扶持。

自 20 世纪 90 年代开始，配电网开放模式首先在英国实行，随后在挪威、澳大利亚等实行。实行这种模式的目的是通过电力市场的竞争降低电力用户的电价。

为了更好地理解不同电力管理体制下的电力市场运营模式，将上述讨论的四种模式进行归纳，见表 1-1。

表 1-1　　四种电力市场运营模式的特点

类型	发电环节	输电环节	配电环节	特点	市场程度
垄断模式	垄断经营	垄断经营	垄断经营	垂直一体化	无
发电竞争模式	引入竞争	垄断经营	垄断经营	存在买卖关系，一个买者	发电市场
电力转运模式	引入竞争	开放	垄断经营	大用户具有选择权	批发市场
配电网开放模式	引入竞争	开放	开放	大、小用户均有选择权	零售市场

由于配电网开放模式的经济效率高于其他三种模式，资源可得到较为有效的利用，通过市场竞争使电价降低，广大电力用户直接受益，因此这种模式是当前电力市场较为理想的模式，一般在谈及电力市场时，就是指这种模式。当然，从经济学理论分析，配电网开放模式实质上是垄断竞争模式，但随着电力科学技术的发展，经济的发达，社会的进步，这种模式中垄断的因素会逐渐减少，竞争的市场因素会逐步增多。

五、中国电力市场改革的发展与趋势

（一）中国电力市场改革的发展

中国电力系统在电力体制改革之前，一直采取的是垂直一体化的垄断模式。即国家电力主管部门（电力部、能源部、国家电力公司）管理电力系统的发电、输电和供电，不仅电网是国家投资、国家管理，而且电源建设也只能是国家投资办电，严重制约了电力工业的发展，造成电能供需紧张，影响国民经济的发展和人民生活水平的提高。

20 世纪 80 年代国家实行电力体制改革以来，首先放开了电源建设，实行投资主体多元化。1982 年龙口电厂集资办电，开始引入集体所有制成分，1985 年中外合资建设了沙角 B 厂及大亚湾核电站，引入了国外资本，允许外商投资建设电力项目，打破了独家垄断办电的局面，形成了多元化的投资主体，对电力工业的发展起到了积极的推动作用。1997 年 1 月，国家取消了电力部，成立国家电力公司，电力行业开始实行政企分开，打破垄断，引入竞争。1998 年 8 月，国家电力公司又提出了“政企分开，省为实体，厂网分开，竞价上网”为主要思路的“四步走”改革方案。1998 年 12 月“厂网分开、竞价上网”开始在上海、浙江、山东、黑龙江、吉林、辽宁等六个省市进行试点。

2000 年后，电力工业开始实行更全面、更深入的改革。电厂和电网相分离，重组发电资产和电网资产。目前已经完成了厂网分开，分别重组了国家电力公司管理的发电资产和电网资产。对原国家电力公司管理的发电资产组建了 5 家独立的发电企业，分别是中国华能集团公司、中国大唐集团公司、中国国电集团公司、中国华电集团公司和中国电力投资集团公司，以 2000 年的财务决算为依据，5 家发电集团公司的资产规模、质量大致相当，地域分布基本合理，在各区域电力市场中的份额均不超过 20%，平均可控容量约为 3200 万 kW。对原国家电力公司管理的电网资产重组后成立了两家电网公司，分别是中国国家电网公司和中国南方电网有限公司；并由国家电网公司负责组建成立了华北、华东、东北、西北、华中五大区域电网公司，其中原山东电网归属华北电网，福建电网归属华东电网，内蒙古电网归属东北电网，四川和重庆电网归属华中电网，西藏电力企业由国家电网公司代管。中国南方电网有限公司计划单列，包括云南、广东、广西、贵州和海南。区域电力市场形成后，发电企业开始竞价上网，各发电企业目前有 10%～15%的电量开始采取竞价上网。因此，从目前改革的现状看，中国电力行业已经由垂直一体化的垄断模式进入发电竞争模式。

2004 年 3 月，国家电力监管委员会、国家发展和改革委员会制定了《电力用户向发电企业直接购电试点暂行办法》。该办法规定在具备条件的地区，开展较高电压等级或较大用电量的电力用户向发电企业直接购电的试点。2005 年 3 月，国家将吉林炭素有限责任公司通过吉林省电力公司电网向吉林龙华热电股份有限公司直接购电试点工作正式列入国家试点，双方签署了《电量直接购销合同》，意味着我国首家大用户向发电企业直接购电试点已正式启动，标志着我国电力市场运营模式由发电竞争模式走向电力转运模式。

这种运营模式具有如下特点：

（1）发电企业形成发电市场。电力体制改革首先将发电与输电、配电相分离，发电企业实行竞价上网。在发电市场中，由于发电企业按规定的时间向电网报价，谁的报价低，电网经营企业就购买谁的电能，因此，对各发电企业来说，它们处于同一个竞争环境，这就迫使发电企业加快内部结构调整，强化内部管理，通过竞争淘汰一批高耗低效或管理水平低下的发电厂或陈旧机组，使产业结构更趋合理，以增强电力系统的安全性、可靠性和经济性，降低发电成本，增加供电能力。

（2）输电环节开放，形成电力批发市场。输电环节从电力系统中分离出来，形成独立的电网经营企业。对构成整个输电环节的电网经营企业来说，有国家电网经营企业、区域电网经营企业和省电网经营企业。当电力大用户需要直接购买发电企业的电能时，输电环节负责转运，此时发电企业和电力大用户需要交纳输电服务费，从而形成具有竞争性的电力批发市场。其中，输电服务费同上网电价一样是公开的，电力用户可以根据上网电价和输电服务费决定采用不同的电力购买方式。

（3）供电企业负责配电和售电业务。供电企业拥有配电网，不仅负责部分输电业务，而且还为区域内的各种电力用户提供配电和售电业务。

《关于进一步深化电力体制改革的若干意见》，即新电改方案的最大亮点就是售电侧放开，形成售电市场。

（二）中国电力市场改革的趋势

从各国电力体制改革的实践可以看出，改革都是朝着第四种模式，即配电网开放模式方向发展。以英国为例，英国的电力市场运营模式是从纵向上采用逐渐开放的形式：首先开放发电环节，形成发电侧开放，输电、配电垄断经营的“两段式”模式；然后是开放输电、配电环节，形成发电侧开放、输电网开放、配售电一体化并在一定程度上开放的“准四段式”模式，之所以称为“准四段式”模式，是因为配电与售电没有完全分开，只是在一定程度上开放，还不能称为完全的“四段式”模式；最后将售电环节从配电环节中分离出来，形成发电、输电、配电和售电相互独立的“四段式”模式。可见，改革的趋势是逐渐开放发电、输电环节，最终开放配电环节，形成真正意义上的电力市场。

电力体制改革的核心是以竞争为手段，实现优胜劣汰，促进电力工业的健康发展。无论是依据理论探讨还是国外实践都可以说明中国电力市场运营模式必然在发电侧开放的基础上进一步放开输电环节，最终开放配电环节，形成配电网开放模式的电力市场，这是电力工业改革最终的必然趋势。

配电网开放模式在实际中有两种具体的操作方式：一种是完全开放模式，即“四段式”模式；一种是部分开放模式，即“准四段式”模式。从英国电力体制改革的经验看，英国最终选择的电力市场运营模式是完全的“四段式”模式，这在所有电力市场运营模式中是最理想的。这种模式的开放程度大，将发电、输电、配电和售电完全分离，终端形成很多独立的售电企业，大、小电力用户均具有自由选择权，是一种理想的运营模式。从模式本身看，任何国家的电力体制改革的最终目标都应朝着这个方向努力。

从2015年的新电改方案可以看出电网末端市场将开放，因此，我国的电力市场运营模式将朝着“四段式”模式改革。这种模式具有如下特点：

（1）发电企业形成发电市场。电力体制改革首先将发电与输电、配电相分离，发电企业实行竞价上网。在发电市场中，由于发电企业按规定的时间向电网报价，谁的报价低，电网经营企业就购买谁的电能，因此，对各发电企业来说，它们处于同一个竞争环境，这就迫使发电企业加快内部结构的调整，强化内部管理，通过竞争淘汰一批高耗低效或管理水平低下的发电厂或陈旧机组，使产业结构更趋合理，以增强电力系统的安全性、可靠性和经济性，降低发电成本，增加供电能力。目前中国的电力体制已完成这一阶段的改革。

（2）输电、配电环节开放，形成电力批发市场。输电、配电环节从电力系统中分离出来，形成独立的电网经营企业。对构成输电、配电环节的电网经营企业来说，有国家电网经营企业、区域电网经营企业、省电网经营企业和市供电企业，他们构成整个输配电环节。当电力大用户需要直接购买发电企业的电能时，输配电环节负责转运，此时发电企业和电力大用户需要交纳输电服务费，从而形成具有竞争性的电力批发市场。其中，输电服务费同上网电价一样是公开的，电力用户可以根据上网电价和输电服务费决定采用不同的电力购买方式。

(3) 售电环节开发，形成电力零售市场。售电企业是独立核算的电力企业，负责向具有选择权的电力用户提供电力销售业务。实际上，售电企业仅仅是一个贸易企业，一方面，它向电网经营企业或发电企业购买电力，另一方面，它向电力用户提供电力销售业务。它并不负责配电业务，而是通过电网经营企业的输配电业务为用户提供电力服务。

上述“四段式”电力市场的运营模式是对中国电力体制改革的一种合理设计，从这种模式中可以看出：由于电网不能重复建设，输电和配电环节具有一定的天然垄断性，但可以通过电力转运打破输电垄断，使电力输送环节开放；发电环节和销售环节不具有天然垄断性，因此，可以通过引入竞争，打破垄断，形成具有竞争性的二级电力市场：发电市场和售电市场，通过售电企业打破配电环节的垄断，使电力用户都具有选择权。本书正是基于这种模式展开介绍的。

六、国外电力市场概述

世界各国电力市场的改革情况各不相同，形成的电力市场运营模式也多种多样。但从根本上讲可以分为两大类：一类是原有电力体制为垄断模式的国家，其改革的模式基本采取先将发电与电网分开，然后逐步开放售电市场，但调度与市场运营机构仍紧密与电网结合。如英国、西班牙、阿根廷等国家；另一类是原有电力体制为政府不直接管理电力系统的国家，其改革的模式是成立独立的系统运行及电力交易机构，各电力公司仍可拥有电厂和电网，逐渐开放售电市场。如美国、德国、日本等国家。中国从原有的电力系统垂直一体化模式发展到现在发电侧开放，形成发电市场，并将逐步开放输电环节，最后开放售电环节，形成售电市场。因此，中国更接近于第一类模式。

目前，世界各国的电力市场运营模式各不相同、各具特色。其中比较有代表性的有英国、美国、澳大利亚和北欧等国家的电力市场。

（一）全面开放的英国电力市场

英国的电力体制改革首先是在发电领域引入竞争。1983 年，英国颁布了《能源法》，取消了非公共企业进入电力行业的限制，允许各种所有制的独立电厂自由使用国家电网。但是，由于政府监管没有及时到位，使中央电力生产局凭借一体化垄断经营的优势，通过提高输电成本中的固定费用，降低电价，使新进入的发电企业处于不利地位。为此，1989 年 7 月，英国政府再次修订《电力法》，确定新的电力产业管理体制框架，加强政府管制，促进了电力产业的进一步重组。

在发电领域引入竞争后，英国电力体制改革又进行了电力企业重组，对中央电力生产局进行横向和纵向分解。横向分解是将中央电力生产局的发电资产分为国家电力公司、发电公司和原子能电力公司三大电力企业；纵向分解是将电力生产与输送相分离，将原中央电力生产局的输电资产划归新组建的国家电网公司，主要负责全国电网的运行和电力调配。将原 12 个地区电力管理局改为地区电力公司，负责配电和销售服务，共同拥有国家电网公司，并允许其拥有一定比例的发电能力。在横向和纵向分解后，英国又对国有电力公司实行了私有化。

完成了上述改革和重组以后，在政府管制的促进下，英国电力生产和销售市场逐步形成了竞争机制。

首先，在发电市场，1989年电力产业重组后，英国在发电市场上形成了国家电力公司和发电公司双寡头垄断的局面，为了打破这种局面，电力管制办公室要求两家电力公司向其他竞争的发电企业出售一部分电站，停止实施操纵电网价格的不正当行为，从而使竞争对手的发电能力增强，提高了电力市场的竞争程度。

其次，在售电市场，1989年的重组主要将发电和输电进行了纵向分离，但是在售电市场上，配电和销售仍在一定程度上一体化经营。尽管引进了二级售电公司，并开放了大用户批发市场，但地区电力公司不仅负责配电服务，还保留了一部分售电垄断权。为了进一步开放销售环节，英国政府采取了逐渐开放的措施：首先于1990年放开了1000kW以上的电力用户（5万户），使其具有了选择权，随后于1994年放开了100kW以上的电力用户（20万户），使100kW以上的用户也具有了选择权，1998年开始完全放开零售市场，允许所有用户（2200万户）具备自由选择权。可见，英国在售电市场上是完全开放的。

（二）重组的美国加州电力市场

美国加州电力体制改革起源于1994年，1996年通过了AB1890法案，组建了加州独立系统运行机构和电力交易所，1998年3月31日加州电力系统正式开始市场化运营。

加州电力系统重组后，新的运营模式中形成了独立系统运行机构、发电公司、计划协调所、电力交易所、配电公司、电力提供商和电力用户等实体，各实体的主要职责如下：

(1) 独立系统运行机构。加州独立系统运行机构成立于1997年5月，为一非营利性机构。其职责是作为加州地区的调度和控制机构，负责协调发电调度，保证输电网络的可靠性并提供输电网络的开放性使用，负责维持发电与负荷的平衡。

(2) 发电公司。发电公司可以直接将电力销售给电力提供商或电力用户，也可以直接销售给某一电力联营公司。但是所有售电交易必须通过计划协调所或电力交易所进行协调。

(3) 计划协调所。负责安排发电调度、输电通道预留、传送电能并提供市场成员相应容量的电能。计划协调所必须经加州独立系统运行机构认证，以确保其具备从事相应工作的资格。通常计划协调所负责支付独立系统运行机构的费用，提交年、周负荷预报，提交用户委托的次日或下一小时计划，结算与其他发电公司的交易，提供所需要的辅助服务，遵循各种规则，以保证计划协调所24h持续运行。

(4) 电力交易所。电力交易所是非营利性机构，1997年5月建立，其职能是为所有的电力提供商和实时电力市场购买者提供公开、公正的电能交易场所，以使参与交易的电力用户以市场价格购得相应电能。

(5) 配电公司。配电公司的职责是提供本地的输配电服务并将电能直接送给电力用户，同时还负责电能计量，电费、输配电费的收取等。通过计划协调所向用户提供趸售电量，总体上讲，配电公司仍然是负责向用户配送电能的实体。

(6) 电力提供商。电力提供商为电能买卖提供撮合服务，它们向零售用户收取电费及服务费，通过发电公司或计划协调所安排负荷和发电计划，并向发电公司或计划协调所支付相应的电能和辅助服务费。每个电力提供商都要通过计划协调所保证负荷与发电的平衡。

(7) 电力用户。各种电力用户均获得自由选择权，可以选择直接向发电公司购电，也可以选择经配电公司向电力提供商购电。

(三) 强制型的澳大利亚电力市场

澳大利亚电力市场包括昆士兰电网、新南威尔士电网、维多利亚电网和南澳大利亚州电网。截至2000年底，新南威尔士电网、维多利亚电网和南澳大利亚州电网已有交流线路互联，只有昆士兰电网未与主网实现互联。

1990年以前，澳大利亚电力工业的管理体制与中国基本相似，对发电、输电和配售电实行垂直统一经营。1991年澳大利亚政府开始着手进行电力工业改革，1993年维多利亚电网发电、输电、配电进行分离，1994年维多利亚电力联合运行中心成立，1996年新南威尔士州电力市场建立，1997年以上两个市场合并为初期阶段的国家电力市场，1998年12月国家电力市场建立，国家电力市场包括昆士兰、新南威尔士、维多利亚和南澳大利亚州，塔斯马尼亚州不久也加入其中。

澳大利亚国家电力市场属于强制型的电力市场，市场管理规则规定装机容量大于50MW的发电商必须通过竞价将电力出售给电力库，零售商和大用户通过输配电网络按照市场价格从电力库购电，并由零售商将电力零售给终端用户。澳大利亚电力市场的结构如图1-2所示。

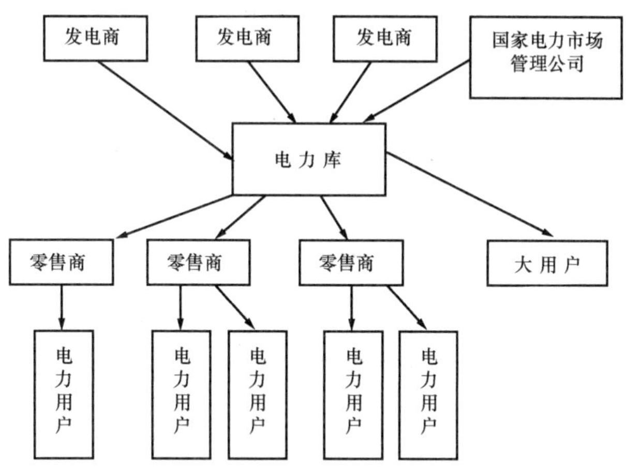

图1-2　澳大利亚电力市场结构

由图1-2可以看出，澳大利亚国家电力市场的参与者包括发电商、国家电力市场管理公司、电网服务供应商、零售商和电力用户。

(1) 发电商。目前澳大利亚私有发电商和政府拥有的发电商并存，使用种类繁多的燃料和技术发电。法规规定，凡单机或全厂容量3万kW及以上的公用发电厂，均为计划内市场型发电商，必须向国家电力市场管理公司登记注册。

(2) 国家电力市场管理公司。国家电力市场管理公司是由联邦和有关州政府共同批准建立的州际间组织，依法管理国家电力批发市场。

(3) 电网服务供应商。电网服务供应商是指拥有或租用并经营各种不同电力网的公司，包括输电网和配电网。电网服务供应商必须向国家电力市场管理公司登记注册并服从国家电力法规，以确保电网安全运行和公平开放。经过机构重组，澳大利亚各州，包括新南威尔士、昆士兰、南澳大利亚州和维多利亚都成立了一家独立的输电网服务供应商，配电网服务供应商的数量大幅度减少，目前新南威尔士减少为6家，维多利亚5家，昆士兰7家，南澳大利亚州1家，首都地区3家。

（4）零售商。国家电力市场共有零售商98家，其中，新南威尔士25家，昆士兰20家，南澳大利亚州13家，维多利亚23家，首都地区17家。这些零售商有17家是由配电公司转变而成，其余的只是买进和卖出电能，与电网公司没有关联。由于竞争激烈，零售商有合并的趋势。

（5）电力用户。电力用户必须依法向国家电力市场管理公司注册登记。电力用户可以选择从批发市场直接购电，也可以选择从几家竞争性的零售商中挑选电力供应商间接购电。

（四）放松管制的瑞典电力市场

瑞典地处北欧，与挪威、芬兰、丹麦东西部已形成联合电力市场。四国之间通过高压交、直流联网，并形成容量互补和互为备用的联合电力市场。由于各国联络线有输电拥塞，所以市场被分为若干价格区域，市场交易结算在各自价格区域内进行。同时，瑞典与德国、波兰都有直流海底电缆联网，也可以互送电力。

瑞典全国电力装机容量约4000万kW，水电和核电各占约50%，其他形式的机组较少，有大约800MW的燃气机组，只在紧急情况下起动。

瑞典自1992年开始电力体制改革，实现了发电和输电的分离。1996年建立电力市场，发电和售电领域引入竞争机制，电网仍然保持自然垄断地位。目前，瑞典政府只对电网实施监管，其他竞争领域依照新电力法完全以市场模式运作，这就是所谓的放松管制。

瑞典电力市场的运营模式由许多独立的市场主体组成，包括发电商、电网所有者、电力交易公司、电力交易市场和电力用户，如图1-3所示。

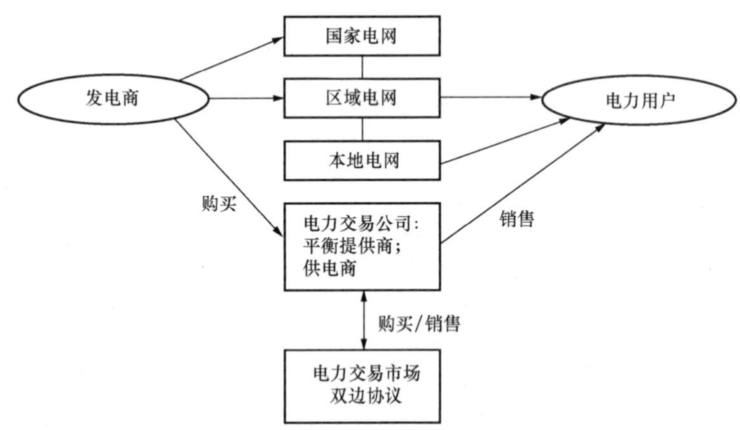

图1-3 瑞典电力市场主体之间的关系

（1）发电商。发电商即并网发电的电厂，如上所述，瑞典的水电和核电容量各占总装机容量的约50%。

（2）电网所有者。电网所有者负责发电商和用户之间的电力传输，分别通过国家电网、区域电网和本地电网三个层次进行。国家电网由瑞典电网公司所有，其他电网可能由不同的电网公司所有。瑞典电网公司既是国家电网的所有者，同时又是系统运营商，这意味着它将保证瑞典全国电力系统的安全、可靠运行及电力在国家电网上的输入、输出；区域电网负责国家电网和本地电网之间的电力传输，同时也给大工业用户供电；本地电网负责所辖范围内用户的配电。

（3）电力交易公司。电力交易公司是指向最终用户销售电力的公司，它具有两种职能：供电商或平衡提供商。供电商是指与用户签订电力买卖合同，为用户销售电能；平衡提供商是指在市场中进行电力买卖平衡交易。有些电力交易公司可能同时具有以上两种职能。

（4）电力交易市场。电力交易市场是一个有组织、有规范的市场，它提供了标准协议，使所有市场主体能很好地在市场中活动，同时，发电商与电力交易商也可在市场中通过双边协议进行大宗交易。

（5）电力用户。电力用户（无论是工业用户或家庭个人）是从电网获取电力来使用的电力消费者，它既与电力交易商签订协议买电，同时也要与电网所有者签订连接电网协议。用户电费中除了缴纳用电费，还需缴纳用于连接电网和电力传输的电网费。

第二节　电力市场营销概述

一、电力市场营销中的电力市场

一般意义上的电力市场是指采用经济、法律等手段，本着公平竞争、自愿互利的原则，对电力系统中发电、输电、供电和用电等环节组织协调运行的管理机制、执行系统和交换关系的总和。可见，一般意义上的电力市场体现的是电力买卖双方交换关系的总和。在这个总和中既存在买者，也存在卖者，既存在供应者，也存在需求者，是买卖双方、供求双方形成的一个统一体。

电力市场营销中的电力市场的含义与一般意义上的电力市场的含义不同。在电力市场营销中，营销的目的是实现并扩大电力产品的销售。为此，必须站在电力企业的角度研究电力用户和电力消费者。电力企业组成了电力行业，电力行业中各电力企业之间是竞争关系。电力用户和电力消费者组成了电力市场，成为电力市场营销研究的主要对象。具体来讲，在发电市场中，发电企业形成电力生产行业，发电企业之间的关系是竞争关系，电力大用户和电网经营企业形成发电企业的电力市场。在售电市场中，售电企业形成电力销售行业，售电企业之间的关系是竞争关系，电力用户和电力消费者形成售电企业的电力市场。

因此，所谓电力市场营销中的电力市场是指电力产品的现实购买者和潜在购买者的需求总和。可见在电力市场营销中的电力市场只包括需求方，不包括供给方，可以说电力市场等同于电力需求。对发电企业来讲，其需求方主要是电网经营企业和大用户，对售电企业来讲，其需求方主要是电力用户或电力消费者。

电力企业能否生存与发展，最终取决于电力用户或电力消费者是否购买电力产品以及购买电力产品的能力。因此电力企业必须面向市场、面向消费者，必须适应不断变化的环境，及时做出正确的决策，使电力企业真正成为用户满意的电力产品供应者和服务者，并且要力争用最少的费用、最快的速度、最好的质量将电力产品送达到消费者和用户。电力企业必须彻底改变过去那种靠权力实现自己目标的陈旧观念，在消费者和用户的满足中实现自己的各项目标。

二、电力市场营销基本概念

（一）电力市场营销含义

自市场营销学产生以来，关于市场营销的基本概念，国内外许多企业家、营销专家和权威机构都做过不同的论述，下面列出几种典型的说法。

（1）1960年美国市场营销协会关于市场营销的定义是：市场营销是引导货物和劳务从生产者到消费者或用户所进行的一切企业活动。

（2）1978年尤金·麦卡锡在《基础营销学》中关于市场营销的定义是：市场营销是指一个企业或组织所进行的，包括调查研究目标顾客，引导满足需要的商品和劳务从生产者流向目标顾客，以实现企业或组织的目标的一些活动。

（3）1984年菲利普·科特勒在《营销管理》中对市场营销的定义是：市场营销是指企业的这种业务活动：识别目前尚未满足的需要和欲望，估量和确定需要量的大小，选择和决定企业能最好地为它服务的目标市场，并且决定适当的产品、劳务和计划，以便为目标市场服务。

（4）1985年美国市场营销协会关于市场营销的定义是：市场营销是个人或组织对思想、货物和劳务的构思、定价、促销和分销的计划与执行过程，以创造达到个人或组织的目标的交换。

（5）1991年菲利普·科特勒在《营销管理》中对市场营销的定义是：市场营销是为了满足任何个人和群体的需要与欲望，创造与上述人交换产品和价值的一种社会管理过程。

借鉴上述关于市场营销的定义，市场营销就是指导企业生产以及连接生产与销售的一系列经济活动的总称。这些活动主要包括市场调查与预测、市场细分与目标市场选择、产品策略、价格策略、销售渠道策略和促销策略等。

随着电力体制改革的深入，对电力市场的认识已经趋于共识，电力市场的营销活动已经成为电力企业的一项重要的经济活动。

所谓电力市场营销就是指导电力产品的生产、输送和销售，满足电力用户经济、合理、安全、可靠地使用电力产品，不断提高电力企业经济效益的一系列经济活动的总称。

（二）电力市场营销涉及的基本经济活动

电力市场营销通常包括以下基本经济活动，如图1-4所示。

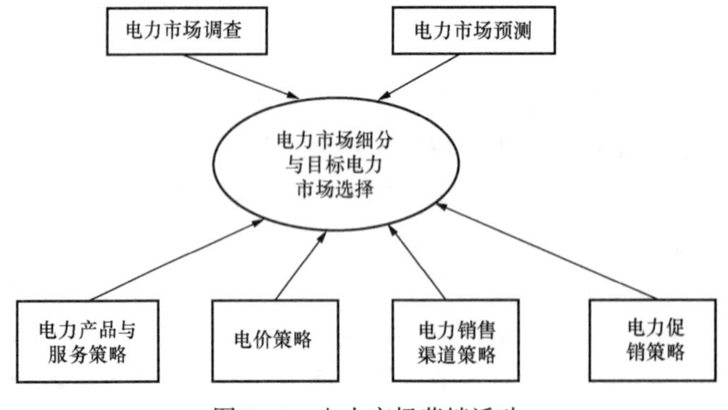

图1-4 电力市场营销活动

（1）电力市场调查与预测。不断分析电力企业与电力市场的关系，分析电力营销活动中影响电力企业的宏观环境和微观环境，预测电力需求的发展趋势，分析各类电力用户对电力市场的需求和购买行为，研究电力企业如何面对环境变化所带来的机会或威胁。

（2）电力市场细分与目标电力市场选择。在电力市场调查与预测的基础上进行电力市场细分，并在此基础上选择目标电力市场和进行市场定位。

（3）电力产品与服务策略。电力产品与服务策略可以指导电力企业发电、输电和配电，使电力产品满足电力用户和电力消费者的需求。电力生产、输送和使用的瞬时性决定了电力市场营销活动的一个重要内容是对电力企业的发电、输电和配电进行指导，使电力产品能随时满足电力用户和电力消费者的需求。

（4）电价策略。电力行业是国民经济的重要部门，电力产品不仅涉及各行各业，而且涉及千家万户，因此电价是一个非常重要的因素，电价的制定必须公平、合理。

（5）电力销售渠道策略。电力产品的销售有其特殊的渠道，即通过电力网进行输送。建立合适的电力销售渠道对于降低电力成本、满足电力用户的需要至关重要。

（6）电力促销策略。电力促销有利于扩大电力销售，提高电力市场占有率。电力促销常用的手段有人员推销、广告、公共关系和营业推广等。

电力市场营销活动的基本任务是研究电力企业如何运用各种市场营销手段，以实现电力企业的预期目标。产品与服务策略、电价策略、销售渠道策略和促销策略构成了电力市场营销活动的主要手段，制定并选择与电力市场营销环境相适应的营销组合方案，对实现电力企业预期目标具有重要意义。

随着电力市场营销活动的发展，又出现了新的营销手段。一种是采用政治手段。即在进行电力市场营销时，必须借助政府的力量，取得政府部门的支持，使电力市场营销活动顺利进行；其次是采用公共关系手段。即进行电力市场营销时，还必须注重树立电力企业在公众中的形象，即注重公共关系。电力企业只有在公众中树立良好的形象，才有利于电力营销活动的成功。

三、电力市场营销的特点

（一）电力生产与需求之间的矛盾

电力市场经营的主要对象是电力产品。电力市场的营销活动，主要解决电力生产与电力需求之间的矛盾，满足人们生活和国民经济各部门对电力产品的需求。

由于电力产品生产的特点是发电、输电、配电同时进行，电能不能储存，所以电力生产与需求之间存在许多矛盾。概括起来，大致有以下几个方面。

（1）电力生产与需求在空间上和时间上的分离。电力产品由发电企业集中生产，但其需求遍布各行各业、千家万户，并且使用更具有随时性，因此，电力的生产与需求在空间上和时间上是分离的。

（2）电力生产与需求在数量上的矛盾。电力的需求随时变化，电力的生产与需求之间存在数量上的矛盾，电力有时供不应求，有时又供大于求。

（3）电力生产与需求在质量标准、电压等级等方面的矛盾。不同的用户对电压等级及供电可靠性的要求不同，必然导致电力生产与需求在质量标准和电压等级上的矛盾。

（4）电力生产与需求中不同用户在电价上的分离。电价是一个非常复杂的问题，电价的种类繁杂，用电性质不同，电价就不同。

（5）电力生产与需求在信息上的分离。电力的生产者不了解用户需要什么等级、什么质量的电能，也不了解用户何时何地需要电能，而一般的电力消费者又不能随意地选择电力生产者、供应者和电价，因此电力生产与需求在信息上是分离的。

（二）电力市场营销的特点

随着市场经济的发展和人民生活水平的提高，社会对电力产品的需求由简单化的稳定分配向复杂多变的商品买卖转化，从而使上述矛盾更加复杂，而这些矛盾对电力企业来讲必须解决，但这些矛盾又不是直接生产过程所能解决的。过去出现的矛盾可以在国家计划指导下解决，而在市场经济体制下，电力企业必须转变观念，学会通过电力市场营销活动来解决电力生产与需求之间的各种分离、差异和矛盾，使电力供应与需求之间相适应。因此，电力市场营销具有以下特点：

（1）电力需求预测成为电力市场营销中的重要内容。由于电力生产的特点是发电、输电、配电和售电同时进行，电能不能储存，所以电力生产与需求之间存在多方面的矛盾，包括电力生产与需求在空间和时间上的分离，在需求数量、质量标准、电价以及需求信息上的矛盾等。因此，电力需求预测就成为电力市场营销中一项非常重要的工作，预测必须及时而准确，才能保证电力市场营销活动的顺利开展。

（2）电力营销活动要针对发电市场和售电市场分别展开。电力市场通常分为两级市场：发电市场和售电市场，由于两级市场具有不同的特点，因此，电力营销活动要针对发电市场和售电市场，分别以发电企业和售电企业为主体展开，包括市场细分的依据、目标市场的选择、市场竞争策略以及市场营销组合策略等。

（3）电力市场营销组合策略具有特殊性。电力产品以及电力生产的特殊性，决定了电力市场营销组合策略的特殊性。这种特殊性表现在电力产品与服务策略、电价策略、电力销售渠道策略和电力促销策略与一般产品的市场营销组合策略是不同的。

四、电力市场营销的作用

电力市场营销活动作为电力企业的一项经营活动，具有以下作用：

（1）有利于拓展电力市场，提高电力市场占有率。电力企业以提供电力产品和服务，满足电力用户的需求并获取盈利为基本任务，无论是发电企业，还是售电企业，为了自身发展，必须进行市场营销活动。市场营销的一个重要作用就是拓展市场。为此，电力企业可以通过市场调查和预测，通过市场细分与目标市场的选择以及市场营销组合策略，不断拓展电力市场，不断提高电力市场占有率。

（2）有利于电力企业树立良好的公众形象，提高市场竞争力。电力市场营销能力是体现电力企业竞争力的一个重要方面。随着电力市场的不断完善，厂网分开，竞价上网，输配分开，竞价供电，无论是发电企业之间，还是售电企业之间的竞争不断加剧。因此，积极开展电力市场营销活动，提高电力企业在用户中的知名度，树立电力企业在公众中的良好形象，吸引众多电力用户成为自己的用户，使电力企业在市场上的竞争力不断提高。

（3）有利于电力企业不断提高经济效益，不断提高电力职工的收入水平。电力市场营销活动开展得好坏，对电力企业在公众中的形象以及电力产品本身的销售会产生直接的影响，因此，开展好电力市场营销活动，既有利于电力企业不断提高经济效益，同时也有利于电力企业不断提高电力职工的收入水平。

第三节　电力市场营销观念

电力市场营销是一种有意识的经营活动，是在一定的经营思想指导下进行的，这种经营思想就是电力市场营销观念。电力市场营销观念是随着社会经济和电力市场的发展而不断变化的。随着电力市场的不断完善，电力市场营销观念在电力企业中的重要性越来越明显，电力企业要发展，要更好地满足电力用户的需求，并从中获得最大的经济效益，必须要有正确的电力市场营销观念。电力市场营销观念在整个电力市场营销中经历了以下阶段。

一、电力生产观念

生产观念是一种最古老的营销观念。该观念认为，消费者欢迎可以买得到和买得起的产品，企业的任务就是组织所有的资源，降低成本、增加产量。生产观念是在完全卖方市场下产生的。由于商品供不应求，企业生产的产品不愁没有销路，于是生产什么就卖什么，实行以产定销。生产观念实际上是一种重生产、轻营销的指导思想。

电力生产观念同样产生于电力严重不足的时期。该观念认为，电力用户需要能够买得到和买得起的电力产品。所以电力部门的任务就是积极组织原材料，尽力降低电力成本，尽可能多地生产电力并有计划地分配电力，以满足电力用户的需求。长期以来，我国的电力生产中“重发电、轻供电、不管用电”就是一种典型的电力生产观念。

通常对一般商品来讲，生产观念在20世纪20年代前占支配地位，但对于电力产品，起支配地位的时间相对要晚些。

二、电力产品观念

产品观念也是一种古老的企业营销管理的指导思想。该观念认为，消费者喜欢那些质量好、价格合理的产品，企业的任务就是要提高产品质量，只要价廉物美，顾客就会购买。产品观念是在卖方市场下出现竞争的条件下产生的，该观念过分注重产品本身，导致“市场营销近视症”。

电力产品观念形成于电力供求状况有所缓解的时期。该观念认为，电力用户需要的是经济、合理、安全、可靠的电力产品，电力企业的任务不仅要加快电源建设，扩大电能生产，加强电网规划，而且要采取措施不断提高电能质量，以满足电力用户的需求。

通常对一般商品来讲，产品观念在20世纪30年代前占支配地位，但对于电力产品，起支配地位的时间相对要晚些。

三、电力推销观念

推销观念是二次世界大战之前许多企业奉行的一种营销观念。该观念认为，消费者一般不会购买非必需的东西，但是企业如果采取一定的促销措施，消费者就会购买，企业的任务就是加强促销工作。推销观念是卖方市场向买方市场过渡时期产生的，该观念的特点是认为市场营销就是推销。

电力是一种非常特殊的商品，其推销观念非常短暂。

四、电力市场营销观念

市场营销观念是在二次世界大战之后、市场出现新形势下产生的一种营销观念。该观念认为，随着人民生活水平的提高，消费者一般都喜欢赶时髦、求新奇，消费者的需求多变，企业的任务就是要了解市场需求，根据市场需求生产产品，以满足消费者的需要。该观念是在完全买方市场的情况下产生的，是一种以顾客需求为导向的营销观念。

电力市场营销观念形成于电力出现供过于求的时期。该观念认为，电力企业的一切行为都要以电力市场需求为出发点，以满足电力市场需求为中心，电力企业应在进行充分市场调查和电力需求预测的基础上，了解电力市场的需求，确定电力生产计划，并采取一定的营销措施满足电力用户的需要。

通常对一般产品来讲，市场营销观念在20世纪50年代起支配作用，但对我国的电力市场，由于长期的电力供需矛盾，到20世纪90年代初期电力供求关系才趋向缓和，才初步形成了电力市场营销的新观念。电力市场营销观念摆脱了长期以来重发电，忽视用电；重电力分配，忽视电力产品质量；重电费回收，忽视售后服务的落后观念。

五、电力市场社会营销观念

社会市场营销观念产生于20世纪70年代之后，该观念认为，市场营销观念忽视了消费者需要和消费者利益与社会长远利益之间的矛盾，从而造成资源浪费和环境污染，因此，企业的任务应该兼顾消费者的需要、利益和社会长远利益。该观念是在西方资本主义社会出现能源短缺、通货膨胀、环境污染，以及消费者保护行动盛行条件下产生的。电力市场社会营销观念主要体现在以下两个方面：

（一）电力需求侧管理观念

20世纪90年代，国际上提出了一种先进的资源规划方法和管理技术，即综合资源规划方法与需求侧管理技术。所谓综合资源规划就是将供应方资源和需求方各种形式的资源作为一个整体进行规划。所谓电力需求侧管理是指电力企业通过采取有效措施，引导电力用户优化用电方式，提高终端用电效率，优化资源配置，改善和保护环境，实现最小成本电力服务所进行的用电管理活动。

电力需求侧管理的观念就是一种典型的电力市场社会营销观念，它提倡兼顾消费者的需要、消费者的利益和社会利益，实现资源的综合利用。该观念认为，电力市场营销活动不能仅仅考虑用户对电力的需求，同时应将供应方和需求方的资源进行整体规划，要兼顾社会利益，实现资源使用的社会成本最低。

（二）绿色电力营销观念

绿色电力是指由可再生能源，包括太阳能、风能、海洋能等可再生能源生产的电力。太阳能热利用技术目前应用最广泛，其中太阳能热水器占相当大的比例，已经形成较大规模的产业，在提供生活热水和工业用低温热水方面发挥着越来越大的作用。随着科学技术的进步，全球风力发电的装机容量迅速增加，发电成本不断下降，已经接近火电成本，是发展最快的可再生能源。海洋能包括潮汐能、波浪能、温差能、海流能和盐差能等，其中潮汐能将得到大规模开发，波浪能的技术产品有可能逐步实现产业化。

绿色电力将成为未来能源系统中一个重要的组成部分，它具有非枯竭性，可持续使用，对环境无污染或少污染，有利于保护生态环境，促进高新技术发展，推动相关产业升级。可见，绿色电力对电力市场来讲，也是一种典型的社会营销观念。

小　结

- 电力市场与电力市场营销
  - 电力市场概述
    - 电力市场概念：电力市场是指采用经济、法律等手段，本着公平竞争、自愿互利的原则，对电力系统中发电、输电、供电和用电等环节组织协调运行的管理机制、执行系统和交换关系的总和
    - 电力市场分类：以交易形式为依据，电力市场可以分为期货与期权交易市场、中长期合约市场、日前交易市场、辅助服务市场和实时交易市场；以发展过程或服务对象为依据，电力市场可以分为发电市场、电力批发市场和售电市场；依据层次不同，电力市场可以分为国家级电力市场、区域电力市场、省级电力市场、地区级电力市场和县市级电力市场
    - 电力市场构成要素：电力市场主体、电力市场客体、电力市场载体、电力市场价格、电力市场运行规则和电力市场监管
    - 电力市场特点：发电市场具有竞争性、发电市场进入壁垒高、输电环节具有垄断性、电力市场的计划性强、电力需求弹性低、电力产品存储成本高、存在输电约束、存在输电损耗、电力用户具有能动性、电力市场环节的双重性
    - 电力市场运行基本原则：要保证发电企业之间的平等；要保证电力用户之间的平等；电力市场要具有公开性；电力市场的参与者要具有自由选择的权利；电力市场运行应有法律保护
    - 电力市场运行基本模式：垄断模式、发电竞争模式、电力转运模式和配电网开放模式
  - 电力市场营销概述
    - 电力市场营销中的电力市场：指电力产品的现实购买者和潜在购买者的需求总和
    - 电力市场营销基本概念：指导电力产品的生产、输送和销售，满足电力用户经济、合理、安全、可靠地使用电力产品，不断提高电力企业经济效益的一系列经济活动的总称
  - 电力市场营销观念的发展
    - 电力生产观念：认为电力用户需要能够买得到和买得起的电力产品
    - 电力产品观念：认为电力用户需要的是经济、合理、安全、可靠的电力产品
    - 电力推销观念：电能是一种非常特殊的商品，其推销观念非常短暂
    - 电力市场营销观念：认为电力企业的一切行为都要以电力市场需求为出发点，以满足电力市场需求为中心，电力企业应在进行充分市场调查和电力需求预测的基础上，了解电力市场的需求，确定电力生产计划，并采取一定的营销措施满足电力用户的要求
    - 电力市场社会营销观念：主要体现在电力需求侧管理观念和绿色电力营销观念

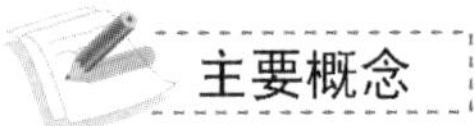

主要概念

电力市场、垄断模式、发电竞争模式、电力转运模式、配电网开放模式、电力市场营销。

思考题

1. 如何对电力市场进行分类？
2. 电力市场由哪些要素构成？
3. 电力市场有什么特点？
4. 如何做到电力用户之间的平等？
5. 电力市场运行有哪些基本原则？
6. 中国电力体制改革的趋势是什么？
7. 电力市场营销中的电力市场与一般意义上的电力市场有什么区别？
8. 电力市场营销涉及哪些基本经济活动？
9. 电力市场营销有哪些观念？如何理解这些营销观念？

第二章　电力市场调查

学习目标

（1）了解电力市场调查的作用。
（2）了解发电市场调查的特点和内容。
（3）了解售电市场调查的特点和内容。
（4）掌握电力市场调查的程序。

第一节　电力市场调查的概念和作用

由于电力产品由卖方市场向买方市场过渡是近几年的事情，因此长期以来对电力市场调查没有深入的认识。电力市场营销工作者应经常为了特定的问题进行正式的调查。如某地区的配电网状况，有哪些电力市场增长点等。

一、电力市场调查的概念

市场调查，又称市场调研、市场研究、营销调研，有时也简称市调。其定义多种多样，不同国家和地区有不同的理解。

美国学者 Luck 和 Wales 认为：市场调查是指采用科学方法解决市场营销中的各种问题。

美国市场营销协会认为：市场调查是指收集、记录和分析有关生产者将货物与劳务转移及销售给消费者的各种问题的全部事实。

德国学者 Lisowsky 认为：市场调查是指企业本身在经营上和推销上的各种环境影响条件下，运用系统的科学原理方法所获得并认识的情报。

中国台湾学者樊志育认为：市场调查可分为狭义的市场调查和广义的市场调查。狭义的市场调查（Market Research）是指主要针对顾客所做的调查，即以购买商品、消费商品的个人或工厂为对象，以探讨商品的购买、消费等各种事实、意见及动机；广义的市场调查包括从认识市场到制定营销决策的全过程。如产品分析，从商品的使用及消费角度对产品的形态、大小、质量、色彩、美观、价格等进行分析，同时，对销售的途径、市场营销的方法、销售组织、经销人员培训、广告作用、促销活动等问题进行分析。

综上所述，市场调查是一种有目的的活动，是一个有系统的过程，是对信息的判断、收集、记录、整理，是一项市场信息工作。因此，可以将电力市场调查定义为：电力市场调查是系统地设计、收集、分析并报告与电力企业面临的特定电力市场营销状况有关的数据和调查结果的过程。

二、电力市场调查的作用

电力产品涉及各行各业、千家万户，为了使电力企业做出正确的预测和决策，必须进行电力市场调查。电力市场调查是获取电力市场信息的重要方法之一。一方面，通过电力市场调查，收集资料，获得电力市场信息，从而掌握电力市场动态和电力发展趋势，这对于搞好电力市场营销活动非常重要；另一方面，通过电力市场调查，收集资料，获得电力市场信息，可以为电力营销决策提供依据。电力市场调查的作用主要体现在以下几个方面。

（一）电力市场调查是电力企业进行正确市场定位的前提和基础

市场定位从广义上讲，是电力企业根据资源状况和经营能力等内部条件，以及市场需求和营销环境等外部条件，经过深入分析和科学决策，正确选择自己目标市场的行为和过程。包括企业内部条件分析、外部营销环境分析、市场细分、发现市场机会、确定目标市场、确定目标市场策略以及产品定位。在上述市场定位涉及的七个步骤中，对电力企业内部条件和外部营销环境进行分析是市场定位的前提和基础，对电力企业内部条件和外部环境进行正确、全面、深入的分析，必须是在经过市场调查，了解和掌握市场及其影响因素（营销环境）的基本状况及其发展趋势，了解和掌握电力企业自身的经营资源的条件的基础上做出的。离开了市场调查，对电力企业内、外部条件的分析只能是一种盲目的主观想象。市场细分、发现市场机会、确定目标市场、确定营销策略和产品定位等步骤，均以内、外部条件分析为基础，其本身也要以市场调查提供的信息为依据。市场调查做得越全面、越深入，越有利于电力企业进行正确的市场定位。可见，电力市场调查对电力企业的市场定位具有十分重要的影响和指导作用。因此，电力企业要进行正确的市场定位首要的是进行市场调查。

（二）电力市场调查有助于电力企业制定与实施正确的电力营销战略

电力营销战略是电力企业为实现既定目标，在复杂的营销环境中，对营销中较长期的、重大的、全局性的问题所做出的筹划和采取的对策。商场如战场，在激烈的市场竞争中，每个市场营销主体必须有自己正确的营销战略，才能在竞争中立于不败之地，才能生存和发展。与市场定位一样，制定电力营销战略，也必须了解电力市场及其营销环境影响因素的基本状况及发展趋势，了解和掌握电力企业自身的经营资源及条件，使电力企业的资源、活动范围和营销目标在可以接受的电力市场限度内，与电力市场环境可以提供的各种机会相协调。可见，确定正确的电力营销战略必须以电力市场调查为基本前提。

（三）电力市场调查有助于电力企业实行正确的电力产品与服务策略

电力产品与服务策略包括发电企业的产品与服务策略和售电企业的产品与服务策略两个方面。电力产品与服务策略正确与否，直接影响和制约电力企业能否满足消费者的需求，能否取得良好的经济效益。实行正确的产品与服务策略，关键是正确把握电力用户或电力消费者的需求特点，尤其是目标电力市场的消费需求特点，把握电力市场需求的变化趋势，了解竞争对手和电力替代品生产企业的产品策略，以及资源、科技发展等状况。只有通过电力市场调查，电力企业能有效地获得上述市场信息，为电力企业制定正确的产品与服务提供可靠的依据。

（四）电力市场调查有助于电力企业实行正确的电价策略

电能的价格简称电价。电价是既涉及人民生活又涉及国民经济的一个非常复杂的因素，是电力营销策略组合中最活跃的因素。电价是否合理，往往决定着电力产品能否为电力市场所接受，并直接影响着电力产品在市场上的竞争地位，从而关系到电力企业的兴衰存亡。由此可见，制定正确的电价策略对电力企业来说十分重要。实行正确的电价策略，除了需要考虑电力企业的定价目标、成本因素外，还需要考虑政府政策因素；科技发展水平；国民经济增长速度；税收、利率和汇率水平；电力供需矛盾的影响；电力竞争因素的影响；能源条件的影响；容量造价及折旧率；系统负荷率等方面的影响因素。通过电力市场调查，电力企业能够充分了解和掌握上述各类信息，为电力产品的正确定价和选择合适的电价策略提供基础保证。

（五）电力市场调查有助于电力企业有效地开展电力促销活动

电力促销，也称促进电力销售，是指电力企业以人员和非人员的方式，传递电力产品信息，帮助与说服电力用户购买电力产品，或使电力用户对电力企业产生好感，从而促进电力销售。电力促销具有传递电力信息，提供相关情报；激发电力需求，促进电力购买；指导电力消费，扩大电力销售；利于企业竞争，改善电力服务的功能和作用，对电力企业的市场营销具有重要意义。电力促销的基本策略包括人员推销、广告、公共关系以及营业推广。无论何种促销手段的运用，都必须以掌握充分的市场信息为条件。市场调查能为电力企业提供开展电力促销活动的各类信息，促进电力促销活动的有效开展。

（六）电力市场调查有助于电力企业制定有针对性的市场竞争策略

无论是发电企业，还是售电企业之间的竞争将越来越激烈。电力企业要能在市场中处于有利的竞争地位，就必须了解竞争对手的情况，这样才能有针对性地制定本企业的市场竞争策略，在竞争中占据主动地位和取得优势。

第二节　发电市场调查的特点和内容

电力市场调查的内容很多，涉及宏观和微观各个方面，由于发电企业涉及的发电市场与售电企业涉及的售电市场具有不同的特点，如图 2 - 1 所示。因此，发电企业和售电企业在进行市场调查时所涉及的主要内容会有所不同。本节介绍发电市场调查的特点和内容，下节介绍售电市场调查的特点和内容。

一、发电市场调查的特点

发电企业的市场调查主要体现以下特点：

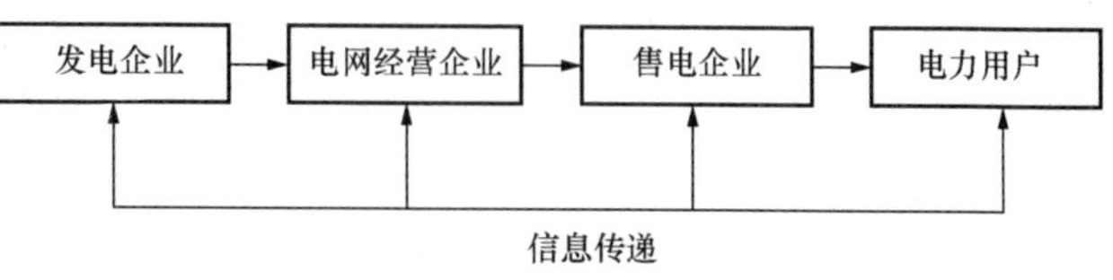

图 2 - 1　电力市场活动环节

（1）重视大用户调查。发电企业直接面向的是大用户，因此，要特别重视对大用户的调查。对大用户的相关情况，包括用电性质、用电要求、供电方式、需求变化、对电价的反应等进行深入调查，获得大用户的第一手资料，便于发电企业有针对性地进行电力营销活动。对有条件的发电企业应尽量建立起大用户档案资料，利用客户关系管理对大用户进行管理，帮助发电企业更有效地进行市场调查。

（2）重视上网电价调查。上网电价对发电企业来讲非常重要，决定着发电企业能否获得上网机会，能否为企业带来效益。因此，发电企业必须高度重视上网电价的调查。同时为了更好地报价，还需要对竞争对手上网电价的报价情况进行调查。

（3）重视输电能力调查。发电企业生产的电力必须通过一定输电网络进行输送，特别是向大用户进行直接售电时，输电网络成为能否实现直接售电的重要因素。因此，发电企业的市场调查要重视输电能力的调查。

（4）重视煤炭价格调查。煤炭是火力发电厂生产电力产品的主要原材料，煤炭的价格直接影响火电厂的成本费用，因此，发电企业必须高度重视煤炭价格的变化。

二、发电市场调查的内容

在配电网开放模式下，发电企业生产的电力通过两个途径进行销售：一是电网经营企业；二是电力大用户。这就决定了发电企业在进行市场调查时主要涉及以下主要内容。

（一）电力营销环境调查

任何一个发电企业都是在不断变化的市场环境中生存和发展，市场环境可能给发电企业带来机会，也可能形成威胁。因此，发电企业必须全面、正确地认识和掌握所处的市场环境，洞悉各种变化，采取相应的措施，才能有效地开展市场营销活动。

发电企业的营销环境调查宏观上包括政治法律环境、经济环境、自然环境、科学技术环境和社会文化环境；微观上包括大用户环境、竞争对手环境和企业内部环境等。

（1）政治法律环境。电力工业是国家的基础工业，既影响国民经济的发展，同时又受国民经济发展的制约，因此政治法律环境对发电企业的发展至关重要。发电企业涉及的政治法律环境主要包括影响电力工业发展的政府有关方针、政策和法规等。如《中华人民共和国电力法》，有关发展国民经济的方针和政策，国家有关的价格、财政和税收政策等。

（2）经济环境。《中华人民共和国电力法》明确指出：电力事业应当适应国民经济和社会发展的需要，适当超前发展。因此电力事业在很大程度上受经济环境的影响。发电企业经济环境调查的主要内容包括：国内生产总值和国民收入总值、个人收入、人口及增长趋势、消费水平和消费结构、物价水平和物价指数、能源和资源状况等。一般地，社会经济发展越快，电力需求就越大，发电企业的营销机会越扩大；反之，经济衰退，电力需求就会缩小，就会给发电企业的营销活动带来负面影响，相应地，电力营销规模也就必然缩小。我国经济发展的实践就是一个最好的证明：当国民经济快速发展时，电力需求就迅速增长；当国民经济发展速度减慢时，电力需求增长就相应变缓。

（3）自然环境。自然环境主要是指自然物质资源。发电企业所涉及的自然物质资源主要是指生产电力产品的一次能源，如煤炭、水资源、核燃料等，以及其他原材料。自然物质资源对电力生产、营销有着重要的影响。我国的一次能源分布很不均衡，而且电力需求与一次能源分布又不一致。随着现代工业化的发展，我国环境污染也日益严重，在许多地区已经严重影响到人民的身体健康。自然生态的平衡和长远的生产发展，越来越引起政府和公众的关注，治理环境污染的呼声越来越强烈，政府的干预措施也会逐步加强。对发电企业来讲，治理污染的挑战将会越来越严峻。

（4）科学技术环境。发电企业属于科技密集型企业，科学技术环境对发电企业的影响很大。对发电企业影响较大的科学技术环境主要有发电机组的性能、高压输电技术水平、自动控制水平、远程监控技术水平等。因此，发电企业必须对所涉及的科学技术环境进行调查。

（5）社会文化环境。对发电企业影响较大的社会文化环境主要有产业结构、产业用电增长趋势、地区人口密集程度、居民收入水平、文化教育水平、居民用电增长趋势等。这些因素将直接或间接影响发电企业的发展。

（6）大用户环境。由于发电企业可以直接向大用户售电，因此，需要对大用户环境进行调查，包括大用户对电力需求的具体要求，特别是对电能质量、供电可靠性、电量需求变化等方面的调查。

（7）竞争对手环境。在发电市场中，各发电企业竞价上网，竞争主要存在于不同发电企业之间。为了能更好地开展电力营销活动，发电企业需要了解其他竞争对手的经营环境，包括竞争对手的经营状况、生产成本、售电量、上网电量、上网报价情况等，以便更好地进行经营决策。

（8）企业内部环境。发电企业内部环境包括发电机组性能、发电企业人员数量和素质、发电企业的资金成本压力等。

（二）电力营销策略调查

电力营销策略包括电力产品与服务策略、电价策略、电力销售渠道策略和电力促销策略等，对发电企业来讲，主要面对的是终端大用户和电网经营企业，因此，要以此为背景展开调查，获得相关信息，帮助发电企业做好电力营销工作。

（1）电力产品与服务策略调查。调查内容包括大用户对发电企业电能质量和服务的意见，对发电企业供电可靠性的意见，电网经营企业对发电企业提供的电能质量和辅助服务的意见，对发电企业供电可靠性的意见等。

（2）电价策略调查。调查内容包括大用户对发电企业直供电电价水平的意见，输电成本费用，上网电价水平，竞争对手的上网电价的报价情况等。

（3）电力销售渠道策略调查。电力产品从发电企业通过电力网输送到电力用户就形成了电力销售渠道。调查内容主要包括输电能力、大用户对电网经营企业的品牌和信誉等。

（4）电力促销策略调查。调查内容包括对大用户和电网经营企业最有效的促销手段，以及对最适合电能销售的广告媒体等。

第三节 售电市场调查的特点和内容

一、售电市场调查的特点

售电市场调查主要体现以下特点：

（1）调查具有广泛性。售电企业销售的电力产品涉及各行各业、千家万户，影响面非常广。因此，售电市场调查具有广泛性，不仅要对产业用户进行调查，而且要对居民用户进行调查。

（2）重视大用户调查。售电市场的用户分为大用户和小用户，小用户的数量虽多，但对电力的需求量相对较少；大用户数量虽少，但对电力的需求量很大。因此，售电企业的市场调查也必须重视大用户，要对大用户的电力需求状况、电力购买行为、对电能质量和服务的要求、对电价水平和促销策略的反应等进行全面调查，以便为决策提供依据。

（3）重视输电、供电能力的调查。在电力系统中，为了满足电力需求，完成电力从生产到使用的过程，不仅需要充足的发电机组，而且还需要充足的输电、供电能力。输电、供电能力一般由输电线路和设备、供电线路和设备决定，为此，必须对输电线路、供电线路的长度、直径以及输电设备、供电设备的能力进行调查，以保证满足电力用户对电力的需求。

二、售电市场调查的内容

随着电力体制改革的深入，售电企业将逐渐成为面向用户的市场竞争主体。一方面，售电企业要向电网经营企业或发电企业购买电力；另一方面要向电力用户销售电力。因此，在售电市场中，售电企业为了做好电力市场营销工作，抓住电力市场营销机会，必须做好电力市场调查工作。调查内容主要包括以下方面。

（一）电力营销环境调查

售电企业营销环境调查的内容与发电企业营销环境调查内容基本相同，但侧重点有所不同。包括政治法律环境、经济环境、社会文化环境、科学技术环境、用户环境、产业环境和微观环境等方面。

（1）政治法律环境。同发电企业一样，售电企业也必须了解和掌握相关的政治法律环境，包括影响电力工业发展的政府有关方针、政策和法规等。如《中华人民共和国电力法》，有关发展国民经济的方针和政策，国家有关的价格、财政和税收政策等。

（2）经济环境。售电企业是直接面向电力用户的企业，因此经济环境的影响从某种意义上比发电企业更重要。调查的内容包括国内生产总值和国民收入总值、个人收入、人口及增长趋势、消费水平和消费结构、物价水平和物价指数、能源和资源状况等。

（3）社会文化环境。社会文化环境，通常由价值观念、行为方式、用电消费心理因素等方面构成。包括居民的教育程度和文化水平、职业构成、风俗习惯、家庭规模、宗教信仰等。在电力市场环境中，社会文化环境较为复杂，不同于其他环境易于理解，但对售电企业面临的售电市场的营销活动会产生很深刻的影响。

（4）科学技术环境。售电企业也属于科技密集型企业，科学技术环境对售电企业的电力营销活动的影响更为深刻。对售电企业影响较大的科学技术环境主要有配电技术水平、自动控制水平、远程监控技术水平等。因此，售电企业必须对所涉及的科学技术环境进行调查。

（5）用户环境。售电企业面临的用户环境包括大用户和普通电力用户。用户环境由电力需求欲望和电力购买能力所构成，包括电力用户数量、用电性质、人口规模，用户用电程度、地区分布等因素。用户环境会给电力市场带来整体和长远的影响。用户环境直接反映电力消费的需求，影响电力市场的兴衰。

（6）产业环境。产业环境包括两个方面：一是不同行业之间的竞争；二是同行业之间的竞争。依据中国电力市场运营模式“四段式”走势，售电企业处于竞争环境下，这种竞争不仅体现在售电企业之间，而且体现在售电企业与其他产业的能源生产者之间。对众多用户来讲，电能是众多能源的一种，除了必不可少的电能消费外，有许多用户可以使用其他能源代替电能，也可以使用电能代替其他能源，如天然气、煤炭、石油等。所以，能源经营者之间的竞争非常激烈。由于电能具有清洁、便于输送等特点，使其在众多能源中具有天然的竞争力，但价格成为竞争中一个重要的因素。售电企业要扩大市场，扩大营销，就必须降低成本，在价格和服务上下功夫。

（7）微观环境。电力市场营销的微观环境影响着售电企业服务用户的能力，所以售电企业要了解经常发生作用的微观环境。微观环境包括以下几个方面。

1）售电企业内部环境。售电企业内部环境包括各管理机构、管理层次之间的分工是否科学，协作是否和谐，精神是否振奋，目标是否一致，配合是否默契等，这是影响售电企业营销方案与营销管理决策能否实施的重要因素。

2）售电企业的售电与服务能力。售电企业的目标是为各类电力用户服务，售电企业必须具备电力供应和为用户服务的能力，包括充足的电力资源、电网输送能力、供电设施能力、服务营销能力等。

3）电力消费者。电力消费者即电力用户，即目标电力市场，是售电企业服务的对象。售电市场的消费者分为各类不同的电力用户，这就要求售电企业以不同的供电方式提供电力产品和服务。

总之，无论是发电企业还是售电企业的营销活动，是一个适应环境变化，并对不断变化的市场营销环境作出积极反应的动态过程。能否有效地分析和预测环境的变化及趋势，能否根据环境变化做出切实可行的决策，关系到发电企业和售电企业的生存和发展。

（二）电力市场需求调查

售电企业的市场需求调查非常重要，这是由电力产品的特点和售电企业所处的地位决定的。由于电力产品是无形的、不能存储的二次能源，其生产、输送和销售都在瞬间同时进行、同时完成。由此决定电力生产的输送、分配和消费在任何时候都要严格地保持平衡，这就使得售电企业的电力市场需求预测显得格外重要。同时，售电企业作为电力买卖的中间环节，必须做到电力的购买与销售相一致。

同发电企业一样，随着电力市场的完善，售电企业还应预测本企业的电力市场占有率及竞争对手的市场占有率，以便获取竞争优势。

（三）电力消费者及消费者购买行为调查

由于售电企业直接面向广大电力消费者，因此电力消费者和消费者购买行为调查成为售电企业市场调查的一项主要内容。调查内容包括电力使用者的类别、电力购买力水平、电力购买欲望与动机以及电力购买习惯等。

（1）电力使用者的类别。电力产品的使用按照使用类别可以分为居民用电、大工业用电、普通工业用电、非工业用电、农业用电等。

（2）电力购买力水平。包括收入水平、消费水平、消费结构等。

（3）电力购买欲望和购买动机。包括影响电力购买的因素、消费者购买本企业电能的原因、消费者对本企业的态度等。

（4）电力购买习惯。包括购买的地点、时间和数量，购买的支付方式等。

（四）电力营销策略调查

售电企业的电力营销策略同样包括电力产品与服务策略、电价策略、电力销售渠道策略和电力促销策略等，因此，电力营销策略调查主要涉及这四个方面。

（1）电力产品与服务策略调查。电力产品与服务策略调查包括消费者对售电企业电力供应的意见，对售电企业电力服务的意见等。

（2）电价策略调查。电价是电力用户非常敏感的一个问题，电价是否合理将影响到售电企业售电量的水平。虽然电价是一个涉及到方方面面且非常复杂的问题，但随着电价体制的改革，售电企业对电价的影响将越来越大。因此，电力市场营销中对电价的调查非常重要，包括电力用户对销售电价的反应，所采用的电价政策和电价体系是否合理等。

（3）电力销售渠道策略调查。电力产品从发电企业通过电力网输送到电力用户就形成了电力销售渠道。电力销售渠道策略的调查包括电力用户对售电企业的售电能力的调查，对售电企业服务质量的调查，对售电企业的品牌和信誉的调查等。

（4）电力促销策略调查。随着电力市场由供不应求转为供过于求，电力产品不再是稀缺产品，售电企业必须采用必要的促销手段扩大电力销售。电力促销策略调查包括对用户最有效的电力促销方式，以及最适合电力产品宣传的广告媒体等。

第四节 电力市场调查程序

为了有效地进行电力市场调查，无论是发电市场还是售电市场必须按一定的市场调查步骤或程序进行。电力市场调查的程序包括确定电力市场调查问题，做好电力现场调查的准备工作，进行电力现场调查，整理、分析调查资料，编写电力调查报告等。

一、确定电力市场调查的问题

确定电力市场调查的问题要围绕发电企业或售电企业迫切需要解决的问题进行，为了确定问题所在，首先要进行初步情况分析和非正式调查。

（一）初步情况分析

为了进行初步情况分析，必须收集电力企业的有关内部和外部资料。电力企业内部资料，包括各种原始记录、日售电量、历年售电量统计资料、用户或消费者的来函、电力年度报告、电力专题报告、电力财务决算等。电力企业外部资料，包括政府统计资料、公开出版的期刊、文献等。通过对内部和外部资料的初步分析，探索问题所在，了解和发现各因素之间的关系。

（二）非正式调查

在初步情况分析的基础上，可以找出电力企业的问题所在，但这种认识是否正确，必须访问一些电力专家或精通本问题的电力用户和人员，征求他们的意见，将初步分析出的问题进行确认。

二、电力现场调查的准备工作

在确定调查问题以后，进行实际调查以前，电力企业需要做好三项准备工作，包括决定电力市场调查方法、设计调查表、进行抽样设计等。

（一）决定电力市场调查方法

电力市场调查的方法一般有询问法、观察法和实验法三种。

1. 询问法

询问法是通过询问的方式，向被调查者提出问题，获得所需的调查资料。询问法包括走访询问、信访询问和电话询问三种形式。

（1）走访询问。走访询问是指调查者到被调查者所在地进行调查。走访询问的优点是调查的结果比较真实，调查的方式比较灵活、直观，具有一定的激励性。缺点是费用较高，调查效果容易受调查者态度的影响。

（2）信访询问。信访询问是指调查者通过写信的方式向被调查者进行调查。信访询问的优点是调查的范围广，给被调查者回答问题的时间比较充分，调查所需的费用低，不受调查者态度的影响。缺点是回收率低，调查所需的时间长，回答问题不够深入，当不是目标消费者和用户时，调查的真实性差。

（3）电话调查。电话调查是指调查者通过电话向被调查者进行调查。电话调查的优点是调查迅速及时，尤其不便面谈的问题，电话调查避免了见面带来的尴尬，可收到良好的调查效果。缺点是调查面比较窄，回答问题不够深入。

2. 观察法

观察法是在现场从旁观察被调查者的行动，获得所需资料的方法。观察法的优点是准确率高。缺点是观察不到事物内在的因素。观察法包括直接观察法、顾客动作观察、店铺观察、实际痕迹观察等。

3. 实验法

实验法是从被调查的问题中选出1～2个影响因素，在一定条件下进行实验，通过对实验结果进行分析，获得所需资料。实验法在市场调查中的应用非常广泛，调查任何因素对某事物变化的影响都可以采用实验法。实验法的优点是方法科学、可靠，可以获得比较准确的原始资料。缺点是实验时间较长，成本较高。

（二）设计调查表

为了做好电力市场调查，科学地设计调查表是一个重要的环节。调查表设计的好坏，直接关系到调查结果的质量。调查表的设计，首先要把握住调查的主题，然后围绕主题拟订一些具体问题，再设计调查表草案，经过试验，最后制成正式的调查表。一般设计调查表时要考虑以下问题。

1. 设计好回答问题的类型

调查表提出问题的类型有多种，可根据不同的要求选择不同的类型。

(1) 自由回答式。自由回答式是只列出问题，不拟定现成的答案。其优点是能收集到调查者事先估计不到的答案。缺点是答案各不相同，整理分析时非常困难。例如：你认为某售电企业的营业人员素质如何？这类问题就属于自由回答式。

(2) 选择式。选择式是不仅列出问题，同时列出答案，供回答者选择，包括两选一或多选一。其优点是答案明确，便于分类整理。缺点是所列答案不一定反应调查者的真正意见。如：你认为当前的电价合理吗？答案是：合理、不合理。这类问题就属于选择式。

(3) 序列式。序列式是由被调查者依据自己的判断，将所给出的项目列出高低顺序。其优点是能简单列出被调查内容的顺序。缺点是不能回答顺序间的差距。如：你喜欢哪种广告媒体作为电力产品的广告媒体？请注明顺序号。答案是：电视、广播、报纸、杂志、路牌。这类问题就属于序列式。

2. 设计调查表的要求

设计调查表要遵循以下要求：

(1) 必要性。在设计调查表时，无关紧要的内容不要列入调查表中。如调查电价与消费者的工作无关，所以无需调查消费者的工作。

(2) 可行性。在设计调查表时，被调查者难以回答的问题不要列入。

(3) 准确性。在设计调查表时，所列问题要准确，不能一般化。如对电能服务质量的调查，虽然服务质量属于电力产品的问题，但如果问电力产品的质量如何？则问题不明确。

(4) 客观性。在设计调查表时，不要诱导调查者去回答问题。如：你喜欢电力产品在电视上做广告吗？该问题带有一定的诱导性。应该列出许多媒体，要调查者选出喜欢的媒体，或直接询问调查者喜欢什么媒体。

(5) 艺术性。设计的调查表要有一定的艺术性。一般开始列出的问题可采用自由式，问题的性质可以广泛些，随后可以列出其他形式的问题。一般将核心性的问题放在中间，实质性的问题放在最后。

（三）抽样设计方法

进行电力市场调查，一般有两种调查方法可供选择：一是普遍调查，即通常所讲的普查；二是抽样调查，即通常所讲的抽查。普遍调查的优点是资料准确，但费时费钱。因此，多数电力企业采用抽样调查。

采用抽样调查必须进行抽样设计。抽样设计是进行抽样调查必须解决的一个重要问题。由于抽样调查是根据样本的特征推算总体的特征，因此抽样设计是否科学合理，直接关系所调查结果的准确性。常用的抽样设计方法有随机抽样和非随机抽样。

1. 随机抽样

随机抽样是指将被抽样总体的每一个个体同等对待，每个个体被抽取的可能性相等。具体有以下几种随机抽样方式：

（1）简单随机抽样法。简单随机抽样是指在总体中抽取若干个样本，抽样者不能做任何有目的的选择，而用纯粹偶然的方法抽取样本。为了保证总体中每一个个体都有相同的被抽取机会，通常采用以下两种做法：

1）抽签法。抽签法就是将总体中的每个个体进行编号，然后随机抽样，抽出的即为样本。可以将每一个号码写在纸条上，然后将纸条放在一个纸箱里，手工任意抽取，或使用色子或采用机器进行摇取。

2）乱数表法。乱数表是一张将0～9的数字随机排列而成的一张表格。任意指点表中的一个数，然后从此数开始，自左向右或自上而下，按行或按列抽取，即可得出样本。当新抽出的数字超过样本总体数时，该数字作废。

（2）分层随机抽样法。分层随机抽样是指将总体按一定的特性划分不同的层次，然后在每一层次中随机选取样本。具体的步骤是：

1）分层。分层可以按不同的标志进行，如对电力工业用户进行分层，可以按电力工业用户的销售额进行分层；对电力消费者进行分层，可以按消费者的收入或年龄等进行分层。

2）计算各层次样本数。在分层的基础上，可以按各层的比例依据下式计算各层次的样本数

$$\text{某层次样本数}=\frac{\text{某层次单位数}}{\text{总体单位数}}\times\text{样本总数} \tag{2-1}$$

3）确定每一层次的样本。按简单随机抽样法在每层确定样本。

（3）分群随机抽样法。分群随机抽样是指将市场调查的母体区分为若干群体，以随机抽样法选定群体，并对群体进行普查的一种抽样方法。分群随机抽样调查与分层随机抽样调查不同。分层随机抽样要求所分各层的内部特性相同，而各层之间的特性不同。分群随机抽样要求所分各群的内部特性不同，但各群之间的特性相同。如图2-2、图2-3所示。

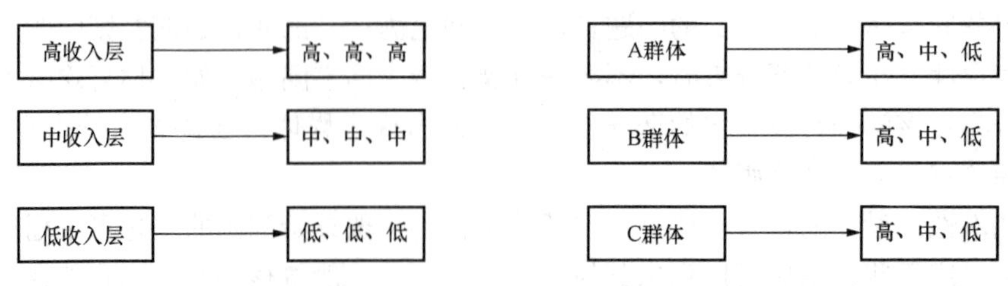

图2-2　分层随机抽样的特征　　图2-3　分群随机抽样的特征

分群随机抽样法是在简单随机抽样法的基础上发展起来的。由于采用简单随机抽样法，有时会因为样本分散造成调查费用过高；或者由于得不到调查母体的资料，使简单随机抽样

无法正常进行，此时采用分群随机抽样法可以弥补这些缺陷。一般在调查地区市场时，宜采用分群抽样调查法。

2. 非随机抽样

非随机抽样是指被抽样的总体中每个个体被抽取的可能性不同，一般有以下几种非随机抽样的方法。

(1) 任意抽样法。任意抽样法是依据调查的方便来决定调查的样本。如在街上进行调查，遇到谁就调查谁。该方法的优点是方便、费用低。缺点是误差比较大。比较适用于非正式调查。

(2) 判断抽样法。判断抽样法是依据专家或调查人员的判断来决定样本。如检查工作时一般抽取好的样本。这种方法一般适用于特殊要求。

(3) 配额抽样法。配额抽样法也称分层判断抽样调查法。该方法的做法是先依据一定标志将总体进行分层，再确定每层应抽取的样本数，最后用判断抽样法确定每层的样本。

三、电力现场调查

上述三项准备工作完成之后，接下来要进行的是电力现场调查。所谓电力现场调查就是深入到现场，围绕调查问题，采用一定的调查方法，根据所选择的调查样本收集所需的调查资料。

现场调查工作的好坏，直接影响到调查结果的准确性。为了做好电力现场调查，必须挑选好电力调查人员，并对电力调查人员进行培训。要求挑选的电力调查人员懂得调查理论与技术，举止稳重，文明礼貌，善于交流，反应快，口齿流利。

四、整理、分析调查资料

未经过整理加工的原始资料是不能使用的。电力调查资料收集工作完成之后，就要对所收集的资料进行整理和分析。资料整理和分析的主要工作包括分类、校对、编号、列表等。

(1) 分类。分类工作是科学研究问题的基础，没有分类就不能看出问题的特性。分类时应注意以下几点：同一类资料应尽可能是相似的，各类别间应有显著的差异，分类应详细。

(2) 校对。在分类整理资料过程中，如果发现资料有差错，应及时进行更正，以保证资料的准确性。

(3) 编号。在分类整理资料过程中，为了方便整理，可以将所整理的资料进行编号。

(4) 列表。列表是分类整理的最后一个环节。列表分单栏表和多栏表。单栏表是表示被调查事物的某一特征的表格。多栏表是表示被调查事物的两个以上特征的表格。可根据具体问题列出不同的表格，便于进一步分析问题。

五、编写电力调查报告

编写调查报告是电力市场调查的最后一个步骤。调查报告分为专门报告和综合报告。调查报告包括以下内容：

(1) 电力市场调查过程概述。

(2) 电力市场调查目的。

(3) 电力市场调查结果。

(4) 电力市场调查结论。

(5) 附录（调查方法、结果的详细资料）。

小 结

- 电力市场调查
  - 电力市场调查概念和作用
    - 电力市场调查概念：是系统地设计、收集、分析并报告与电力企业面临的特定电力市场营销状况有关的数据和调查结果的过程
    - 电力市场调查作用：是进行正确市场定位的前提和基础；有助于制定与实施正确的电力营销战略；有助于实行正确的电力产品与服务策略；有助于实行正确的电价策略；有助于有效开展电力促销活动；有助于制定有针对性的市场竞争策略
  - 发电市场调查特点和内容
    - 发电市场调查特点：重视大用户调查、重视上网电价调查、重视输电能力调查、重视煤炭价格调查
    - 发电市场调查内容：电力营销环境调查、电力市场需求调查、电力营销策略调查
  - 售电市场调查特点和内容
    - 售电市场调查特点：调查具有广泛性、重视大用户调查、重视输电能力和供电能力调查
    - 售电市场调查内容：电力营销环境调查、电力市场需求调查、电力消费者及消费者购买行为调查、电力营销策略调查
  - 电力市场调查程序
    - 确定电力市场调查问题：初步情况分析、非正式调查
    - 电力现场调查准备工作：决定电力调查的方法、设计调查表、抽样设计方法
    - 电力现场调查：挑选好的调查人员并对调查人员进行培训
    - 整理分析调查资料：分类、校对、编号、列表
    - 编写调查报告：包括调查过程概述、调查目的、调查结果、调查结论、附录

主要概念

电力市场调查、随机抽样、非随机抽样。

思考题

1. 电力市场调查的作用是什么？
2. 发电市场和售电市场调查各有什么特点？
3. 发电市场调查的主要内容有哪些？
4. 售电市场调查的主要内容有哪些？
5. 电力市场调查的程序是什么？

第三章　电力需求预测

学习目标

(1) 掌握电力需求预测的概念及种类。
(2) 了解电力需求的影响因素。
(3) 掌握电力需求预测的程序。
(4) 掌握电力需求预测的经验预测技术。
(5) 掌握电力需求预测的经典预测技术。
(6) 掌握电力需求预测的回归预测技术。
(7) 掌握电力需求预测的时间序列预测技术。
(8) 了解电力需求预测的现代预测技术。

第一节　电力需求预测概述

一、电力需求预测的概念

电力需求预测就是采用一定的科学方法和手段对已有电力用户以及未来新增电力用户的电力需求作出一定的科学估计和推测。

对发电市场来讲，分两种情况：一是正常运行下，发电企业一般根据电力调度中心发布的系统负荷预测和分区负荷预测决定自身的报价策略，通过竞价获得发电权，并按调度中心安排的发电计划发电，通常不需要预测；二是扩大再生产或安排检修等非正常运行下，发电企业需要进行电力需求预测。其预测方法可借鉴售电市场的预测方法。本章论述的内容仅针对售电市场。

在售电市场中，由于电力产品及电力生产建设的特点决定了电力需求预测具有不同的特点：

(1) 电力需求预测的宏观性。由于电力产品应用的广泛性，使电力需求预测不能像其他行业市场需求预测那样，仅从某些行业或某些方面进行，而是要着眼于国民经济各行各业以及社会居民生活等方面，因而具有宏观预测的性质。

(2) 电力需求预测的复杂性。由于电力生产发电、供电、用电的同时性和电能不能存储的特点，使电力需求预测较其他需求预测更为复杂，不仅要预测总的需电量，而且要预测瞬时需电量，即电力预测或负荷预测，还要掌握不同行业、不同地区用户的特性。

(3) 电力需求中的长期预测非常重要。由于电力建设周期长、耗资大，长期的电力需求预测如果不及时反馈给发电侧，就会使售电市场出现短缺。

二、影响电力需求的因素

影响电力需求的因素很多，主要涉及以下方面：

(1) 电价水平的影响。电价水平的高低直接影响电力需求，通常电价水平高将抑制电力需求，电价水平低将刺激电力需求，电价水平与电力需求之间是负相关关系。

（2）电力替代品的影响。电力作为一种优质的二次能源在国民经济发展中发挥着重大的作用，但天然气、石油和煤炭等一次能源对电力具有替代作用，替代品的广泛使用将对电力需求产生直接影响。通常替代品能源价格的降低或提高将抑制或刺激电力需求，替代品价格与电力需求之间是正相关关系。

（3）国民经济发展的影响。电力工业作为国民经济的基础工业直接受国民经济发展的影响。一个国家或地区的经济发展越快，电力需求增长越快，反之亦然。国民经济与电力需求之间是正相关关系。

（4）自然因素的影响。自然因素主要是指气候条件、地理环境等因素，天气的变化将直接影响人们对电力的需求量。

（5）人口因素的影响。人口因素是影响电力需求的一个重要因素，一个地区人口的高低将对电力需求产生直接影响。人口与电力需求之间是正相关关系。

（6）居民收入水平。随着居民收入水平的提高，居民用电水平不断提高，用电量将不断增加。居民收入水平与电力需求之间是正相关关系。

三、电力需求预测的种类

电力需求预测的种类很多，可以依据不同的因素进行划分。

1. 按电力需求预测的角度进行分类

按电力需求预测的角度进行分类，可以分为发电侧预测和需电侧预测。

（1）发电侧预测。发电侧预测是指站在发电侧角度，为了发电机组控制所进行的电力需求预测。目前的电力需求预测基本属于发电侧预测。

（2）需电侧预测。需电侧预测是指站在需电侧角度，为了更好地满足用户需求，由售电企业所进行的电力需求预测。需电侧预测方法与发电侧预测方法基本相同，由于中国电力体制改革尚未进行到输配电分开，因此，需电侧预测技术的应用还处于起步阶段。

2. 按电力需求预测的内容进行分类

按电力需求预测的内容进行分类，可分为电量预测和电力预测。

（1）电量预测。电量的单位为 kW·h，电量按供电主体分类，包括营业电量、非营业电量、外购电量。按电力用户的用电性质进行分类，包括农、林、牧、渔、水利业用电；工业用电；地质、勘探业用电；建筑业用电；交通运输、邮电通信业用电；商业、公共饮食业、物资供销和仓储业用电；城乡居民生活用电；其他用电。

（2）电力预测。电力需求预测的另一个内容就是电力预测，也称负荷预测，单位为 kW。对用户来讲，用电负荷是用户连接在电网上的所有用电设备在某一瞬间所消耗的功率之和。一般情况下，电力企业并不限制电力的使用方式，这样在某一瞬间（1 日、1 月、1 年）使用最多的电力称为最大负荷。最大负荷通常是指 1h 电力合计值中的最大值。

按照电力生产的过程，电力系统负荷可分为发电负荷、供电负荷和用电负荷。发电负荷是指某一时刻电力系统内各发电企业发电出力之和；供电负荷是指发电负荷减去各发电企业自用电负荷后的负荷千瓦数，如与其他电网相联，还需加、减电网间的互送电力。用电负荷是指供电负荷减去线损负荷后的负荷千瓦数，即系统内各个用户在某一瞬间所消耗的电力负荷总和。电力预测一般是在电量预测的基础上，根据两者之间的关系，换算出负荷预测值。

3. 按电力需求预测的时间进行分类

按电力需求预测的时间进行分类，可分为超短期预测、短期预测、中期预测、长期预测和规划预测。

(1) 超短期预测。超短期预测的预测期一般是15min到几小时。主要用于维持发、供电平衡和发电机组的自动控制。

(2) 短期预测。短期预测的预测期一般是日和周。用于编制发电机组运行计划，是确定旋转备用容量，控制检修计划，估计收入，计划燃料和购入电力费用的基础。

(3) 中期预测。中期预测的预测期一般是12～24个月。中期预测除了作为制订最低电能微增成本的运行计划与预算的基础外，还用于决定检修计划，确定系统交换功率，水力发电的水库和水文情况估计，核电厂的燃料棒的管理，以及确定燃料和购入电力预算，在此期间还可能调整输变电的建设计划。

(4) 长期预测。长期预测的预测期一般为4年、6年或8年。这是设备建设计划最关键的时期，是做出建设发、供电设备决定的依据，包括在何地建设何种电力设备，是否从相邻电网购入或售出电力，以及如果决定安装设备就需要申请许可证等。

(5) 规划预测。规划预测的预测期一般为10～30年。规划预测是用于电力建设全面规划的基础，包括对燃料的需要与资源的估计，确定目标，确定技术发展的要求与所需的资金分配，以及必要的研究工作。

4. 按电力需求预测的方法进行分类

按电力需求预测的方法进行分类，可分为定性预测和定量预测。

(1) 定性预测。定性预测是根据个人的经验和知识，判断未来事物发展的趋势和状态。定性预测一般凭借个人经验进行预测，包括专家意见法、类比法和主观概率法等。

(2) 定量预测。定量预测是利用统计资料凭借一定模型对预测对象未来的发展趋势和状态进行预测。定量预测除了传统的经典预测技术，即电力弹性系数预测法、单耗法和负荷密度法外，主要还有回归模型预测技术、时间序列预测技术、灰色预测、人工神经网络预测和小波分析预测等现代预测技术。

四、电力需求预测的程序

电力需求预测必须按照一定的预测程序进行，用科学的预测技术将资料进行分析、加工和整理，从而得出规律性的结论。电力需求预测一般可依据以下程序：

1. 确定预测目标

预测必须要有明确的目标，明确目标是有效地进行预测的前提。要充分认识到明确目标在预测中的重要性。

2. 收集、分析、整理有关资料

明确预测目标之后，要广泛收集所需的各方面资料，并在此基础上对所收集的资料进行整理、分析和选择，剔除某些偶然出现的非正常因素的数据。值得注意的是收集资料不是一次可以完成的，往往在预测过程中需要反复地调查和进行补充收集。

3. 选择预测方法

选择什么样的预测方法，是依据预测的目标、所收集资料的情况、对预测准确度的要求、预测的费用以及所预测事物的特点决定的。电力需求预测的方法很多，有的方法适用于长期预测，有的适用于短期预测，不同的方法适用的条件也不相同，要根据具体问题具体分析，选择最合适的预测方法进行预测，以保证预测的正确性。

4. 建立数学模型，进行预测

预测技术中有一大类是属于定量预测技术，定量预测技术一般要涉及到预测模型的建立。因此必须首先建立数学模型，即用数学的函数关系，抽象地描述经济实体及其相互关系。然后，根据模型进行具体运算，求出初步预测结果，并考虑到模型所没有包括的因素，对预测数值进行必要调整。具体模型的建立要考虑预测的问题以及所采用的预测方法。

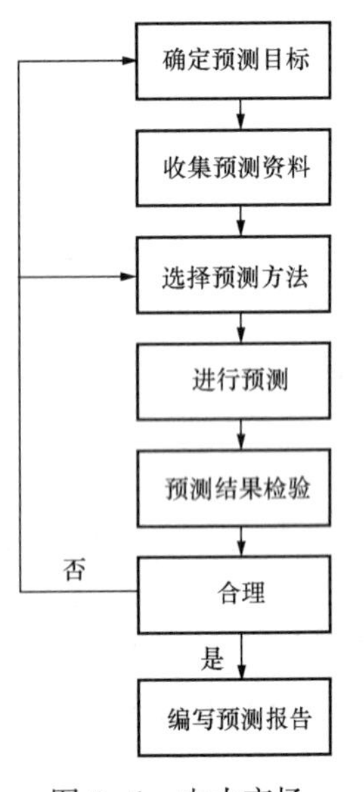

图 3-1 电力市场预测程序图

5. 预测结果检验

一般情况下，预测的结果与实际很难完全相符，经常会有误差。如果误差太大，预测就会失去意义，因而需要对各种预测结果进行分析、比较和评定，检验误差的程度，分析产生误差的原因。如果是由于预测方法和数学模型不完善，就需要改进模型重新计算；如果是由于不确定因素的影响，则应估计其程度，进行必要的调整。

6. 编写预测报告

在预测结果检验的基础上，如果预测误差合理，预测结果有意义，就需要编写预测报告，为电力决策提供依据，这是电力需求预测的最后一个步骤。

上述电力需求预测的程序如图 3-1 所示。

第二节 电力需求预测技术

电力需求预测技术包括定性预测技术和定量预测技术两大类。定性预测技术主要是指经验预测技术，包括专家意见法、类比法和主观概率法等。定量预测除了传统的经典预测技术，即电力弹性系数预测法、单耗法和负荷密度法外，主要有回归预测技术、时间序列预测技术、灰色预测、人工神经网络预测和小波分析预测等现代预测技术。

一、经验预测技术

经验预测技术主要是依靠专家的判断进行预测。这种预测技术可以判断出电力需求变化的趋势，一般用于没有历史数据，不能采用模型进行预测的情况。在电力需求预测中，常采用经验预测技术对电力需求的发展趋势进行描述，对电力需求给出一个方向性的结论。常用的经验预测技术有专家意见法、类比法和主观概率法等。

（一）专家意见法

1. 个人专家意见法

个人专家意见法是指由一个专家凭借个人经验对客观事物进行分析、判断，并预测事物未来的发展趋势。其优点是简单快捷；费用较低。缺点是可能出现个人经验不足或客观依据不足，使预测出现偏差甚至失误。

2. 组织专家会议

组织专家会议是由电力企业负责人召集各方专家，对客观事物进行分析、判断并预测事物未来的发展趋势。其优点是简单易行；同时由于吸收各方意见，预测的准确性较高。缺点是易造成屈从多数人或权威人士的意见，而忽视少数人的正确意见；且费用较高。

3. 头脑风暴法

头脑风暴法又称BS法，是一种倡导思维活跃的预测方法。一般要求在组织专家会议的基础上，遵循以下两个规定：一是在组织专家会议的过程中，谁也不反对谁的意见；二是谁提出新的建议都给予称赞和肯定，并在别人意见的基础上进行补充和完善。其优点是会议气氛轻松融洽，参加会议的人员思维敏捷。实践证明这种方法比一般的组织专家会议的效率要高得多。

4. 特尔菲法

特尔菲法是按照规定的程序，由预测领导小组将所要预测的问题和有关资料，用通信的方式向各位专家们提出，得到答复后，将各种意见归纳、整理后再反馈给各位专家，进一步征询意见，如此反复多次，直到预测的问题得到较为满意的结果。

采用特尔菲法，需要有一个预测领导小组，按以下程序进行：

(1) 确定预测课题。预测领导小组首先要确定预测的课题，这是预测的起点。

(2) 选择预测专家。选择预测专家时首先要根据预测的问题确定该领域和相关领域的专家；其次所选择的专家要有一定数量的要求，专家数量不能太多也不能太少，专家太多，不易于资料的收集与整理，专家太少，起不到预测的效果；最后所选择的预测专家一定要有持之以恒的工作精神，愿意进行并完成这项预测工作。

(3) 设计调查咨询表。采用特尔菲法进行预测需要设计调查所需的咨询表，设计调查咨询表时要遵循必要性、可行性、准确性、客观性和艺术性等要求。

(4) 逐轮咨询与信息反馈。将所设计的调查表寄到各位专家所在地，由专家就所要预测的问题进行预测，并将预测结果反馈到预测领导小组，预测领导小组将各专家预测的结果采用一定的统计方法进行整理，并将整理后的预测结果通过新的调查咨询表再寄给各位专家，各位专家在重新考虑预测问题之后给出新的预测内容，并将新的预测内容再反馈给预测领导小组。如此反复进行信息反馈，直到预测结果趋于一致。

(5) 预测结果的定量处理。对预测结果进行定量处理时，可以采用中位值法或直方图法。

1) 中位值法。中位值法是采用中位值和上、下四分点进行定量处理。如预测某开发地区5年后的电力需求量，10名专家的预测意见按照需求量大小顺序排列后见表3-1。

表3-1　电力需求量表　(单位：10^4kW)

专家编号	1	2	3	4	5	6	7	8	9	10
预测值	100	136	140	170	190	190	192	210	220	230

由表3-1可得，预测值的中位值是第5位专家的预测值，即190，上四分点是第2位、第3位专家的预测值的平均值，即138，下四分点是第7位、第8位专家的预测值的平均值，即201。预测的平均离散度为201－138＝63。一般地，离散度越大，说明专家意见越分散；离散度越小，说明专家意见越集中。

2) 直方图法。直方图法是将预测意见分组，计算出各组专家意见的比重，将有关数据画成直方图来进行定量处理。如将上例中10名专家预测的数据进行分组，并计算预测值正好符合各组要求的专家在专家总数中所占的比例，计算结果如下：

a. 第Ⅰ组：100～130，所占比重为10%。

b. 第Ⅱ组：131～160，所占比重为20%。

c. 第Ⅲ组：161～190，所占比重为30%。

d. 第Ⅳ组：191～220，所占比重为30%。

e. 第Ⅴ组：221～250，所占比重为10%。

根据计算的比例，画出直方图，如图3-2所示。

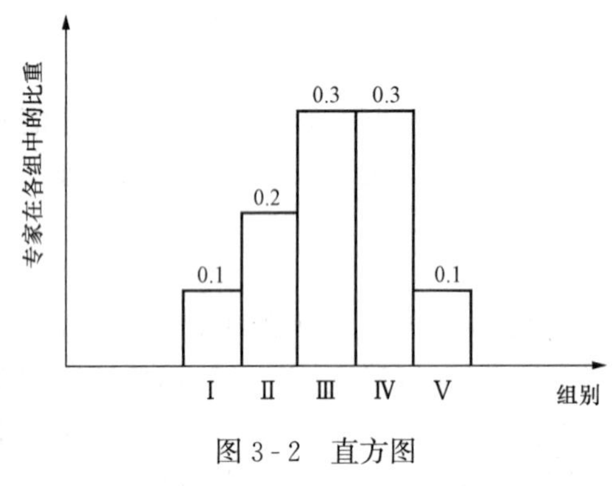

图3-2　直方图

使用特尔菲法预测具有如下特点：

（1）匿名性。应邀参加预测的专家互不知晓，这就消除了专家们的心理影响。每一个专家可以参考前一轮的预测结果，修改自己的意见而无须作出说明。

（2）反馈性。特尔菲法通过信息反馈来进行预测，对每一轮的结果进行整理后，反馈给专家作为下一轮预测判断的参考。这就给意见的调整和统一、最终获得正确的结论提供了方便。

（3）统计性。特尔菲法可以使用统计方法对专家们的意见做定量处理。

使用特尔菲法进行预测一般所需时间较长，一般适用于没有历史资料时对电力需求发展趋势的预测。

（二）类比法

类比法是将类似事物进行分析比较，通过已知事物的特性对未知事物的特性进行预测的一种经验预测方法。如开发一个落后地区作为经济开发区，由于开发区的经济发展对电力需求的要求是飞跃式的，因此，对该地区的电力需求预测就不可能依据历史数据，采用定量方法进行预测。此时选择一个已建成的经济开发区，与将要建设的经济开发区进行分析比较，并对其进行电力需求的预测是有效的，这就是类比法。

采用类比法进行预测有一定的前提条件，即用于比较的两个事物要具有相似的特征，否则类比法无效。

（三）主观概率法

概率通常分为客观概率和主观概率。客观概率是通过多次重复实验，由计算的频率来规定概率，由于这个概率是客观的，故称为客观概率。如通过抛硬币，统计出现正面的次数，计算出现正面的概率，当掷硬币的次数很多时，概率接近1/2，这个概率就是客观概率。

但有的情况不能像掷硬币一样通过实验获得客观概率，而是靠人们的感觉和印象获得事物发生的概率，这种概率就叫主观概率。主观概率预测法就是通过若干专家估计事物发生的主观概率，综合得出该事物发生的概率进行预测的方法。主观概率 p 同样满足以下要求：

（1）主观概率 p 要满足：$0 \leqslant p \leqslant 1$。

（2）所有概率之和满足：$\sum_{i=1}^{n} p_i = 1$，其中 n 为影响概率的状态数。

二、经典预测技术

经典预测技术主要是指电力需求预测的经典方法，包括单耗法、电力弹性系数法和负荷密度法等。

（一）单耗法

单耗法一般用于工业行业的电力需求预测，由于采用的单耗指标不同，单耗法可分用电单耗法和产值单耗法两种。

1. 用电单耗法

用电单耗法是利用预测期各行业的主要产品的“单位产品的综合耗电定额”与对应产品在预测年度的“计划产量”进行预测。其预测模型为

$$W_j = K\sum_{i=1}^{n} A_i q_i \tag{3-1}$$

式中　W_j——j 行业预测年度需电量；

A_i——j 行业第 i 种产品的产量；

q_i——j 行业第 i 种产品的单位产品的综合耗电定额；

n——j 行业主要产品数；

K——修正系数，即某行业全部需电量与该行业主要产品需电量和的比值系数。

通过式（3-1）可以预测各个行业的需电量，如果再将各行业的需电量相加，即可求得全部工业的需电量。

值得注意的是，影响单位产品综合耗电定额的因素很多。在确定单位产品综合耗电定额时要分析这些因素的影响，找出变化的趋势，根据不同地区、不同生产条件，确定该地区各种代表产品的综合耗电定额。

2. 产值单耗法

产值单耗法的思路与用电单耗法的思路基本相同。它是利用预测期各行业主要产品的“单位产值的综合耗电定额”与对应产品在预测年度的“计划产值”进行预测。其预测模型为

$$W_j = K\sum_{i=1}^{n} S_i b_i \tag{3-2}$$

式中　W_j——j 行业预测年度需电量；

S_i——j 行业第 i 种产品的产值；

b_i——j 行业第 i 种产品的单位产值的综合耗电定额；

n——j 行业主要产品数；

K——修正系数，即某行业全部需电量与该行业主要产品需电量和的比值系数。

同样通过式（3-2）可以预测各个行业的需电量，如果再将各行业的需电量相加，即可求得全部工业的需电量。

（二）电力弹性系数法

统计资料表明，各国国内生产总值和电力消费之间有一定的相关关系。一般需电量的增长速度要快于国民经济总产值的增长速度，这种现象通常称为电力工业超前发展规律。需电量和国民经济总产值之间的规律，通常用电力弹性系数表示。

所谓电力弹性系数，是指一定时期内，需电量的平均增长速度与国民经济总产值的平均

增长速度之比。可表示为

$$K=\frac{V_w}{V} \tag{3-3}$$

式中 K——电力弹性系数；

V_w——需电量平均增长速度；

V——国民经济总产值的平均增长速度。

如果选定预测期内的电力弹性系数值，并已知预测期内国民经济总产值的计划平均增长速度，就可以预测该时期的需电量。预测公式为

$$W_n=(1+KV)^n W_0 \tag{3-4}$$

式中 W_n——预测期需电量的预测值；

W_0——基期需电量的实际值；

n——预测期，通常指年。

电力弹性系数法是利用事物变化的相关关系进行需电量预测的方法之一，是电力工业需电量长期预测中常用的方法。采用电力弹性系数法可以预测全国或地区的综合需电量，也可以按部门，如工业部门、农业部门、交通运输等进行预测，然后综合各部门预测的结果，求得预测地区或全国的总需电量。

（三）负荷密度法

负荷密度法是依据预测地区的人口或土地面积的单位平均需电量与总人口或总土地面积进行预测的一种预测方法。计算公式如下

$$W=RP \tag{3-5}$$

式中 W——需电量的预测值；

R——该地区总人口数或总土地面积数；

P——平均每人或每平方面积的需电量，统称负荷密度。

负荷密度法适用于预测各功能分区的需电量，也适用于开发新区的需电量预测。

三、回归预测技术

事物的相互关系一般有两种表现形式：一种表现为函数关系，即一种事物对另一种事物或一种以上事物存在着确定性的关系。如售电收入等于售电量乘以售电单价；另一种表现为相关关系，即一种事物对另一种事物或一种以上事物存在着某种非严格的、不确定性的关系，只有通过大量的统计数据分析，才能发现它们之间的规律。如需电量同国民经济之间的关系。回归分析预测技术就是利用数理统计学中的回归分析，从事物的相关联系中找出事物变化的规律，从而进行电力需求预测的一种方法。这种预测技术一般适用于电力需求的中长期预测。

回归分析的种类很多，可以根据自变量个数的多少，将回归分析分为一元回归分析和多元回归分析。一元回归分析就是确定一个自变量与一个因变量之间的关系；多元回归分析就是确定多个自变量与一个因变量之间的关系。也可以根据回归分析模型是否线性，将回归分析分为线性回归分析和非线性回归分析。线性回归分析就是指因变量和自变量之间的关系是线性的；非线性回归分析是指因变量与自变量之间的关系是非线性的。还可以根据回归分析是否带虚拟变量，将回归分析分为普通回归分析和虚拟变量回归分析。普通回归分析的自变量都是数量变量，而虚拟变量回归分析的自变量既有数量变量也有品质变量。

在运用回归分析进行预测时，正确判断两个变量之间的相互关系，选择预测目标的主要影响因素作为回归分析的自变量至关重要。下面分别主要介绍一元线性回归预测技术、多元线性回归预测技术和非线性回归预测技术。

（一）一元线性回归预测技术

1. 一元线性回归预测模型的建立

一元线性回归预测技术在回归预测中具有一定的代表性。若以 x 和 y 来表示两个随机变量，自变量 x 的统计值为 x_1，x_2，…，x_n；因变量 y 的统计值为 y_1，y_2，…，y_n；则两随机变量之间的线性关系可用下述一元线性回归预测模型表示

$$\hat{y}=a+bx \tag{3-6}$$

式中　a——截距，也称常数项；

b——斜率，也称回归系数。

解决这个模型的具体问题，就是通过历史统计值来确定 a 和 b 两个系数。确定 a 和 b 的方法常用数学上的最小二乘法。根据最小二乘法估计一元线性回归预测模型的两个系数为

$$\begin{cases}\hat{b}=\dfrac{n\sum\limits_{i=1}^{n}x_iy_i-\sum\limits_{i=1}^{n}x_i\sum\limits_{i=1}^{n}y_i}{n\sum\limits_{i=1}^{n}x_i^2-(\sum\limits_{i=1}^{n}x_i)^2}\\ \hat{a}=\dfrac{\sum\limits_{i=1}^{n}y_i-\hat{b}\sum\limits_{i=1}^{n}x_i}{n}\end{cases} \tag{3-7}$$

式中　n——历史数据的组数；

x_i，y_i——统计点的值。

根据式（3-7）求出 a、b 的估计值后，就可以代入式（3-6）求得一元线性回归预测模型。

2. 一元线性回归预测模型的检验

在上述讨论中，假定自变量 x 和因变量 y 之间具有线性关系，并且 y 关于 x 的关系具有形式：$\hat{y}=a+bx$。但在进行电力需求预测时，这种假设是否成立，还需根据历史资料，采用一定的检验方法，对回归预测模型进行显著性检验。对一元线性回归预测模型的检验通常采用相关系数检验法。

一元线性回归预测模型中因变量 y 的总波动，即总偏差平方和为

$$L_{yy}=\sum_{i=1}^{n}(y_i-\bar{y})^2 \tag{3-8}$$

上式经整理后可以分为两部分

$$L_{yy}=\sum_{i=1}^{n}(\hat{y}_i-\bar{y})^2+\sum_{i=1}^{n}(y_i-\hat{y}_i)^2 \tag{3-9}$$

其中，第一部分 $\sum\limits_{i=1}^{n}(\hat{y}_i-\bar{y})^2$ 称为回归平方和，记为 H_h，反映变量 x 对变量 y 作用引起的波动。则有

$$H_h=\sum_{i=1}^{n}(\hat{y}_i-\bar{y})^2 \tag{3-10}$$

第二部分 $\sum_{i=1}^{n}(y_i-\hat{y}_i)^2$ 称为残值平方和，记为 C_c，反映除变量 x 以外其他因素对变量 y 作用引起的波动，同时反映实际值偏离回归直线的程度。则有

$$C_c=\sum_{i=1}^{n}(y_i-\hat{y}_i)^2 \tag{3-11}$$

如果实际值在回归直线附近，显然残值平方和 C_c 很小，而回归平方和 H_h 很大，说明回归效果好，即如果回归平方和 H_h 在总平方和 L_{yy} 中的比值越大，回归效果越好；反之，如果实际值分布较分散，距回归直线较远，显然残值平方和 C_c 很大，而回归平方和 H_h 很小，说明回归效果差，即如果回归平方和 H_h 在总平方和中 L_{yy} 的比值越小，回归效果越差。根据上述讨论，可以选择回归平方和 H_h 与总平方和 L_{yy} 中的比值来衡量自变量 x 和因变量 y 之间的线性密切程度。记

$$\gamma^2=\frac{H_h}{L_{yy}} \tag{3-12}$$

其中，r 为相关系数。式（3-12）可以改写为

$$\gamma=\sqrt{1-\frac{C_c}{L_{yy}}} \tag{3-13}$$

通常将式（3-13）整理后得

$$\gamma=\frac{n\sum_{i=1}^{n}x_iy_i-\sum_{i=1}^{n}x_i\sum_{i=1}^{n}y_i}{\sqrt{\left[n\sum_{i=1}^{n}x_i^2-(\sum_{i=1}^{n}x_i)^2\right]\left[n\sum_{i=1}^{n}y_i^2-(\sum_{i=1}^{n}y_i)^2\right]}} \tag{3-14}$$

相关系数 γ 的取值范围为 $-1\leqslant\gamma\leqslant1$。相关系数取不同值时有以下不同的含义：

（1）当 $\gamma=1$ 时，自变量 x 和因变量 y 完全线性相关，这时散点都严格地分布在一条直线上，并且当自变量 x 的值增大时，因变量 y 的值相应增大，这种情况称为完全正相关。

（2）当 $\gamma=-1$ 时，自变量 x 和因变量 y 也完全线性相关，这时散点也都严格地分布在一条直线上，但是当自变量 x 的值增大时，因变量 y 的值会相应减小，这种情况称为完全负相关。

（3）当 $\gamma=0$ 时，自变量 x 和因变量 y 完全没有线性相关关系，这种情况称为完全不相关，此时 $b=0$，即求得的回归预测模型与 x 轴平行。

（4）当 $0<\gamma<1$ 时，需要判断两个随机变量之间有无线性相关关系，需要借助相关系数检验表。相关系数检验表见表 3-2。

表 3-2 中，α 为显著水平，f 为自由度。对一元线性回归预测，有 $f=n-2$，n 为历史数据的组数。

判断两个随机变量 x 与 y 之间有无线性相关关系的方法是：根据散点 n 计算 f，同时确定某一显著水平 α，根据 α、f 的取值，通过相关系数检验表查出相关系数的临界值 γ_α，最后将计算出的相关系数 γ 的绝对值与查表所得的临界值 γ_α 相比较。若 $|\gamma|\geqslant\gamma_\alpha$，表示两个随机变量之间存在线性相关关系；否则，表示两个随机变量之间不存在线性相关关系。

表 3-2　**相关系数检验表**

f	$\alpha=0.05$	$\alpha=0.01$	f	$\alpha=0.05$	$\alpha=0.01$
1	0.997	1.000	17	0.456	0.575
2	0.950	0.99	18	0.444	0.561
3	0.878	0.959	19	0.433	0.549
4	0.811	0.917	20	0.423	0.537
5	0.754	0.874	21	0.413	0.526
6	0.707	0.834	22	0.404	0.515
7	0.666	0.798	23	0.396	0.505
8	0.632	0.765	24	0.388	0.496
9	0.602	0.735	25	0,381	0.487
10	0.576	0.708	26	0.374	0.478
11	0.553	0.684	27	0.367	0.467
12	0.532	0.661	28	0.361	0.463
13	0.514	0.641	29	0.355	0.456
14	0.497	0.623	30	0.349	0.449
15	0.482	0.606	35	0.325	0.418
16	0.468	0.590	40	0.304	0.393

3. 一元线性回归预测

一元线性回归预测模型经过显著性检验，在确定回归预测模型有实用价值后，便可以应用回归模型进行预测。但利用回归模型进行预测得到的是一个确定的预测值，在实际工作中有意义的往往不只是一个确定的预测数值，而是一个预测区间，这个区间称为置信区间。

设：$u=y-\hat{y}$，其中 y 为实际值，$\hat{y}$ 为预测值，可以证明 u 服从均值为 0、方差为 σ_u^2 的正态分布 $N(0, \sigma_u^2)$，其中 σ_u 的计算公式为

$$\sigma_u=\sigma\sqrt{1+\frac{1}{n}+\frac{(x_0-\bar{x})^2}{\sum_{i=1}^{n}(x_i-\bar{x})^2}} \tag{3-15}$$

式中　x_0——预测期自变量的值；

$\bar{x}$——自变量 x_i 的平均值；

n——历史数据的组数；

σ——残差标准差或剩余标准差。

残差标准差 σ 反映了除 x 以外，其他因素对 y 的影响大小，一般 σ 是未知的，可用下式估计

$$\hat{\sigma}=\sqrt{\frac{C_c}{n-2}} \tag{3-16}$$

其中，$C_c=\sum_{i=1}^{n}(y_i-\hat{y}_i)^2$。

可以证明 $\dfrac{y_0-\hat{y}_0}{\hat{\sigma}\sqrt{1+\dfrac{1}{n}+\dfrac{(x_0-\bar{x})^2}{\sum\limits_{i=1}^{n}(x_i-\bar{x})^2}}}$ 服从参数为 $n-2$ 的 t 分布。当取置信水平为 $1-\alpha$ 时，y_0 的置信区间估计值为

$$\left(\hat{y}_0 \pm t_{\frac{\alpha}{2}}(n-2)\hat{\sigma}\sqrt{1+\frac{1}{n}+\frac{(x_0-\bar{x})^2}{\sum\limits_{i=1}^{n}(x_i-\bar{x})^2}}\right) \tag{3-17}$$

其中，$t_{\frac{\alpha}{2}}$（$n-2$）可以通过查表获得。式（3-17）说明预测值 y_0 被包含在上述区间的概率为 $1-\alpha$。

（二）多元线性回归预测技术

一元线性回归预测模型研究的是一个因变量和一个自变量之间的相关关系问题，由于客观现象之间的联系是复杂的，许多现象的变动都涉及多个变量之间的数量关系，这种研究一个因变量和多个自变量之间的相互关系的理论就是多元线性回归分析，利用多元线性回归分析进行预测的技术称为多元线性回归预测技术。

以 y 表示因变量，因变量 y 的 n 组统计值为 y_1，y_2，…，y_n；以 x_1，x_2，…，x_k 表示自变量，自变量 x_1，x_2，…，x_k 的 n 组统计值为 x_{1t}，x_{2t}，…，x_{kt}（$t=1$，2，…，n），则因变量与自变量之间的线性关系，可用下述多元线性回归预测模型表示

$$\hat{y}_i = a + b_1x_1 + \cdots + b_kx_k \tag{3-18}$$

式中　　a——常数项；

b_1，b_2，…，b_k——回归系数。

同一元线性回归预测模型一样，多元回归预测模型的回归系数估计也是采用最小二乘法。

根据统计值的 n 组数据：y_t，x_{1t}，x_{2t}，…，x_{kt}（$t=1$，2…，n），采用最小二乘法，可求得多元线性回归预测模型的常数项 a 和回归系数 b_1，b_2，…，b_k 的方程式为

$$\begin{cases} L_{11}b_1 + L_{12}b_2 + \cdots + L_{1k}b_k = L_{1y} \\ L_{21}b_1 + L_{22}b_2 + \cdots + L_{2k}b_k = L_{2y} \\ \cdots \\ L_{k1}b_1 + L_{k2}b_2 + \cdots + L_{kk}b_k = L_{ky} \end{cases} \tag{3-19}$$

$$a = \bar{y} - b_1\bar{x}_1 - b_2\bar{x}_2 - \cdots - b_k\bar{x}_k \tag{3-20}$$

其中，$L_{ij}=L_{ji}=\sum\limits_{t=1}^{n}(x_{it}-\bar{x}_i)(x_{jt}-\bar{x}_j)\approx\sum\limits_{t=1}^{n}x_{it}x_{jt}-\dfrac{1}{n}(\sum\limits_{t=1}^{n}x_{it})(\sum\limits_{t=1}^{n}x_{jt})(i，j=1，2，\cdots，k)$，$L_{iy}=\sum\limits_{t=1}^{n}(x_{it}-\bar{x}_i)(y_t-\bar{y})\approx\sum\limits_{t=1}^{n}x_{it}x_{jt}-\dfrac{1}{n}(\sum\limits_{t=1}^{n}x_{it})(\sum\limits_{t=1}^{n}y_t)(i，j=1，2，\cdots，k)$，$\bar{y}=\dfrac{1}{n}\sum\limits_{t=1}^{n}y_t$，$\bar{x}_i=\dfrac{1}{n}\sum\limits_{t=1}^{n}x_{it}$，$\bar{x}_j=\dfrac{1}{n}\sum\limits_{t=1}^{n}x_{jt}$。

同一元线性回归一样，在上述讨论中，假定了因变量 y 与自变量 x_1，x_2，…，x_k 之间

具有线性关系。但在进行电力需求预测时，这种假设是否成立，还需根据历史资料，采用一定的检验方法进行检验。多元线性回归预测检验分回归模型显著性检验和回归系数显著性检验，本书不再详细叙述。

（三）非线性回归预测技术

实际预测中，自变量 x 和因变量 y 之间存在的相关关系更多表现为非线性关系，这就需要采用非线性回归预测技术。对于非线性回归预测多数情况可以通过变量变换转化为线性回归预测，从而很容易解决非线性回归预测问题。下面重点介绍一元非线性回归预测技术的步骤。

1. 进行曲线拟合

非线性回归预测的第一步是通过作散布图，进行曲线拟合。一般的做法是将自变量 x 和因变量 y 之间的非线性关系，通过一组观测值作出散布图，再依据散布图，选择最相近的曲线进行拟合。电力需求预测中常用的拟合曲线如下。

（1）指数曲线。指数曲线的标准方程为 $y=ae^{bx}(a>0)$，曲线示意图如图 3-3 所示。

（2）双曲线。双曲线的标准方程为$\frac{1}{y}=a+b\frac{1}{y}$，曲线示意图如图 3-4 所示。

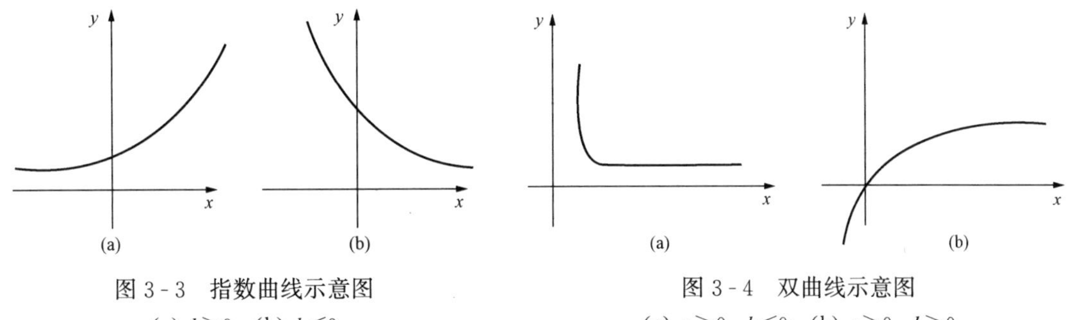

图 3-3 指数曲线示意图

（a）$b>0$；（b）$b<0$

图 3-4 双曲线示意图

（a）$a>0$，$b<0$；（b）$a>0$，$b>0$

（3）幂函数曲线。幂函数曲线的标准方程为 $y=ax^{b}(x>0,\ a>0)$，曲线示意图如图 3-5 所示。

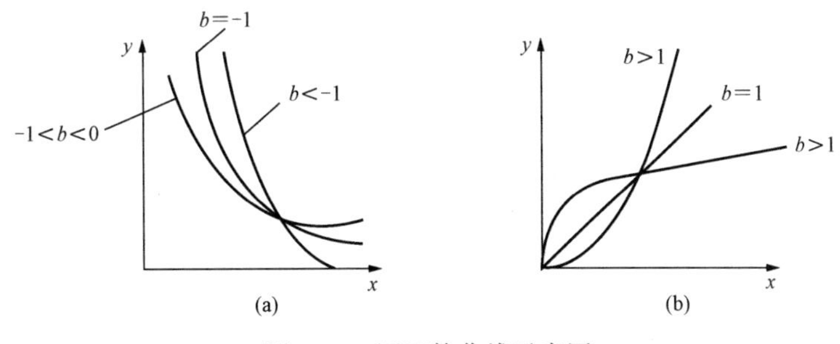

图 3-5 幂函数曲线示意图

（a）$b<0$；（b）$b>0$

（4）倒指数曲线。倒指数曲线的标准方程为 $y=ae^{b/x}(a>0)$，曲线示意图如图 3-6 所示。

（5）对数曲线。对数曲线的标准方程为 $y=a+b\lg x(x>0)$，曲线示意图如图 3-7 所示。

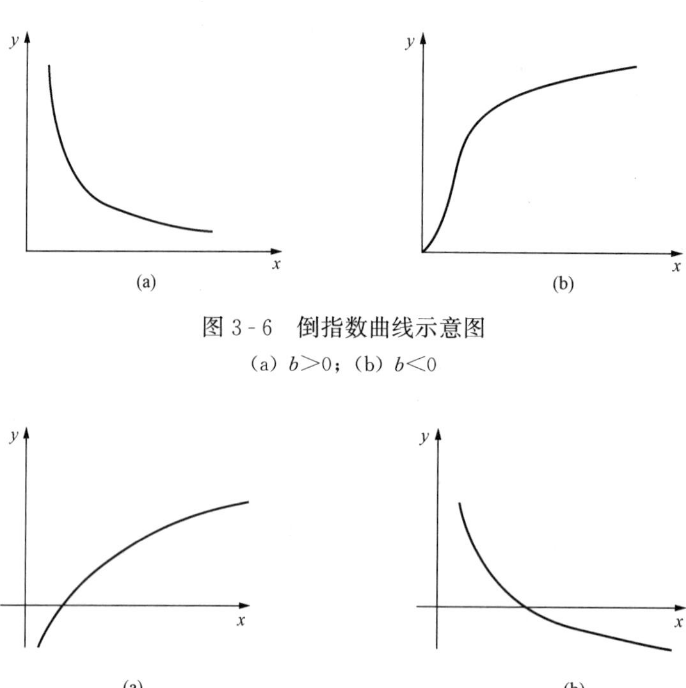

图 3-6　倒指数曲线示意图

（a）$b>0$；（b）$b<0$

图 3-7　对数曲线示意图

（a）$b>0$；（b）$b<0$

（6）S 形曲线。S 形曲线的标准方程为 $y=\dfrac{1}{a+b\mathrm{e}^{-x}}$，曲线示意图如图 3-8 所示。

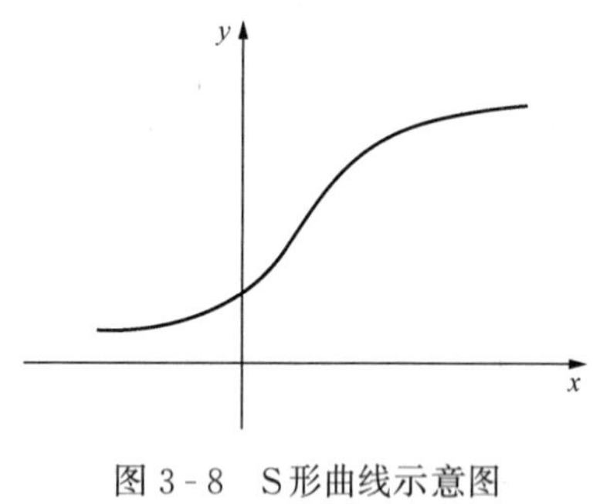

图 3-8　S 形曲线示意图

2. 将非线性回归问题转化为线性回归问题

采用上述方法进行曲线拟合之后，利用数学上的变量变换理论，进行一定的变量变换，将非线性回归问题转化为线性回归问题。如对于双曲线，可以作如下变量变化：设：$v=\dfrac{1}{y}$，$u=\dfrac{1}{x}$，这样非线性问题：$\dfrac{1}{y}=a+\dfrac{b}{x}$就转换为线性问题：$v=a+bu$。同样对其他形式的曲线也可以采用数学上的变量变换，将非线性回归问题转换为线性回归问题。

3. 求一元线性回归预测模型

将一元非线性回归问题转换为一元线性回归问题之后，就可以利用上述的线性回归预测方法，求得参数 a、b 的估计值，获得一元线性回归预测模型，并利用一元线性回归预测模型的检验法进行相关显著性检验。

4. 求非线性回归预测模型

通过相关显著性检验，在确定一元线性回归预测模型有实用价值后，再利用数学上的变量反变换，将一元线性回归预测模型转换为一元非线性回归预测模型。

5. 进行预测

最后利用非线性预测模型进行预测，预测时也是获得一个预测区间，即置信区间。预测的方法与一元线性回归预测相同，在此不再赘述。

四、时间序列预测技术

回归预测技术必须要找到影响预测目标的主要因素，而由于经济现象的复杂性，实际上有时难以找到影响预测目标的主要因素，或者即使找到了，也可能存在主要因素缺乏必要的统计资料而无法采用回归预测模型进行预测，此时可以使用时间序列预测技术。这种预测技术一般适用于电力需求的短期预测。

时间序列预测技术是将预测目标的历史数据按照时间顺序排列成时间序列，然后分析其随时间变化的趋势，外推预测目标的未来值。时间序列预测技术可以分为确定性时间序列预测技术和随机时间序列预测技术。

确定性时间序列预测技术常用的方法有简单平均预测法、加权平均预测法、滑动平均预测法、指数平滑预测法等。

随机时间序列预测法是通过时间序列模型进行预测的方法。建立随机时间序列模型需要较深的数学知识和较多的历史数据，方法复杂，计算量大，但该方法在短期预测方面准确度高，因此得到了越来越广泛的应用。本书只介绍确定性时间序列预测技术。

（一）简单平均预测法

简单平均预测法是将按时间顺序发生的历史数据求简单平均值，以简单平均值作为预测值。该方法的优点是简单便捷，可以消除偶然因素的影响，缺点是当时间序列有趋势时，预测不可靠。简单平均预测法适合于电力需求具有水平趋势的情况。

如以 x_1，x_2，…，x_T 表示过去 T 个时期的历史数据，简单平均值的计算公式为

$$M_T = \frac{\sum_{k=1}^{T} x_k}{T} \tag{3-21}$$

式中　M_T——T 期简单平均值；

x_k——各期的实际值。

假定这些数据具有水平线性趋势，可以采用简单平均预测法进行预测，一般用 T 个时期的平均值 M_T 预测 $T+1$ 期的电力需求值 $\hat{x}_{T+1}$，预测公式为

$$\hat{x}_{T+1} = M_T = \frac{\sum_{k=1}^{T} x_k}{T} \tag{3-22}$$

（二）加权平均预测法

加权平均预测法是将按时间顺序发生的历史数据求加权平均值，以加权平均值作为预测值。这种方法的思路是距预测期远近不同的历史数据对预测期影响是不同的，一般距预测期越近的数据其影响作用越大，距预测期越远的数据其影响越小。因此，求加权平均值时，用离预测期时间的远近作为权数，对简单平均预测法进行调整。该方法的优点是简单便捷，可以消除偶然因素的影响；同时考虑了距预测期远近不同的历史数据对预测产生的影响。缺点是当时间序列有趋势时，预测不可靠。加权平均预测法适合于电力需求具有水平趋势的情况。

如以 x_1，x_2，…，x_T 表示过去 T 个时期的历史数据，加权平均值的计算公式为

$$N_T=\frac{\sum_{k=1}^{T}w_k x_k}{T} \tag{3-23}$$

式中 N_T——T 期加权平均值；

w_k——为各期权数，一般最远一期为 1，以后各期顺次递增；

x_k——各期的实际值。

假定这些数据具有水平线性趋势，可以采用加权平均预测法进行预测，一般用 T 个时期的加权平均值 M_T 预测 $T+1$ 期的电力需求值 $\hat{x}_{T+1}$，预测公式为

$$\hat{x}_{T+1}=N_T=\frac{\sum_{k=1}^{T}w_k x_k}{T} \tag{3-24}$$

（三）滑动平均预测法

滑动平均预测法分为一次滑动平均预测法和二次滑动平均预测法。一次滑动平均预测法的特点是用分段平均逐步推移的方法，分析时间序列的趋势，选取距离预测期最近的 N 期数据的平均值作为预测值。一次滑动平均预测法适用于电力需求具有水平趋势的情况。

如以 x_1，x_2，…，x_T 表示过去 T 个时期的历史数据，则 t 期的一次移动平均值可以取历史数据中前 n 个时期实际值的平均值。其中，n 称为预测跨度，依据具体情况而定。一般 n 取值越大，滑动平均的作用越大；反之，n 取值越小，滑动平均的作用越小。一次滑动平均序列的计算公式为

$$W_t=\frac{x_t+x_{t-1}+\cdots+x_{t-(n-1)}}{n}=\frac{\sum_{k=1}^{n}x_{t-n+k}}{n} \quad (t=n\ ,\ n+1,\ \cdots\ ,\ T) \tag{3-25}$$

式中 W_t——t 期的一次滑动平均值；

n——预测跨度，或滑动计算期。

假定这些历史数据具有水平趋势，可以采用一次滑动平均预测法进行预测，一般用 t 期的一次滑动平均值 W_t 预测 $t+1$ 期的电力需求值 $\hat{x}_{t+1}$，预测公式为

$$\hat{x}_{t+1}=W_t=\frac{\sum_{k=1}^{n}x_{t-n+k}}{n} \tag{3-26}$$

需要注意的是，滑动平均值实际上对应所平均 n 项的中间位置，如 $W_8=\frac{1}{5}$（$W_4+W_5+W_6+W_7+W_8$），实际是对应第 6 项，用 W_8 作为第 9 期的预测值进行预测，则滞后 9－6＝3 项。这种滞后现象普遍存在，对于水平趋势预测基本不影响预测效果。因此，一次滑动平均预测法一般适用于具有水平趋势的情况。在其他趋势情况下，这种滞后现象使人们不能直接采用一次滑动平均序列进行预测。这就需要采用二次滑动平均预测法，关于二次滑动平均预测法本书不再详细叙述。

（四）指数平滑预测法

指数平滑预测法分为一次指数平滑预测法和二次指数平滑预测法。一次指数平滑预测法是在一次滑动平均预测法的基础上发展起来的，是将按时间顺序发生的历史数据 x_1，x_2，…，x_T 分段加权平均，求移动加权平均值，以移动加权平均值作为预测值。这种方法既具

备了一次滑动平均预测法的优点，又考虑了数据的时间性，同时还可以减少数据的存储量，因此应用较广。一次指数平滑预测法一般适用于具有水平趋势的情况。

一次指数平滑序列的计算公式为

$$F_t = \alpha x_t + (1-\alpha)F_{t-1} \quad (t=1, 2, \cdots, T) \tag{3-27}$$

式中　F_t——t 期的一次指数平滑值；

x_t——t 期的实际值；

F_{t-1}——$t-1$ 期的一次指数平滑值；

α——平滑系数，一般取值为 $0<\alpha<1$。

下面给出一次指数平滑预测公式的展开式。由式（3-27）得

$$F_t = \alpha x_t + (1-\alpha)[\alpha x_{t-1} + (1-\alpha)F_{t-2}]$$

$$F_t = \alpha x_t + \alpha(1-\alpha)x_{t-1} + (1-\alpha)^2 F_{t-2}$$

$$F_t = \alpha x_t + \alpha(1-\alpha)x_{t-1} + (1-\alpha)^2[\alpha x_{t-2} + (1-\alpha)F_{t-3}] \tag{3-28}$$

$$\cdots$$

$$F_t = \alpha x_t + \alpha(1-\alpha)x_{t-1} + \alpha(1-\alpha)^2 x_{t-2} + \cdots + \alpha(1-\alpha)^{t-1}x_1 + (1-\alpha)^t F_0$$

采用一次指数平滑法进行预测，一般用 t 期的一次指数平滑值 F_t 预测 $t+1$ 期的电力需求值 $\hat{x}_{t+1}$，预测公式为

$$\hat{x}_{t+1} = F_t = \alpha x_t + (1-\alpha)F_{t-1} \tag{3-29}$$

或用展开式

$$\hat{x}_{t+1} = F_t = \alpha x_t + \alpha(1-\alpha)x_{t-1} + \alpha(1-\alpha)^2 x_{t-2} + \cdots + \alpha(1-\alpha)^{t-1}x_1 + (1-\alpha)^t F_0 \tag{3-30}$$

由式（3-30）可见，预测值 $\hat{x}_{t+1}$（除最后一项外）实际上是历史数据 x_1，x_2，…，x_t 的加权平均，权系数（除最后一项外）α，α（$1-\alpha$），…，（$1-\alpha$）$^{t-1}$ 由大到小，体现了“重近轻远”的思想，并且可以观察到，这些权数是等比级数，是一组指数权，故称 F_t 为一次指数平滑序列，用 $\hat{x}_{t+1}=F_t$ 预测的方法为一次指数平滑预测法。

值得注意的是，权系数由大变小的速度取决于 α，α 值越大，权系数由大变小越快，近期资料影响越大；反之，α 值越小，权系数由大变小越慢，远期资料影响越大。因此，α 又称为平滑系数。

另外，一次指数平滑法预测公式的展开式（3-28）中，所有的权系数（包括最后一项）之和为 1，这可以通过计算得到证明。

二次指数平滑预测法类似于二次滑动平均预测法，是在一次指数平滑序列的基础上，通过计算二次指数平滑序列进行预测，也是适用于电力需求具有线性趋势的情况，本书不再详细叙述。

五、现代预测技术

现代预测技术包括灰色预测、人工神经网络和小波分析，下面进行简单介绍。

（一）灰色预测

灰色系统是介于白色系统和黑色系统之间的过渡系统。白色系统是指系统的信息完全已知，如电力企业的职工人数、设备价值等完全明确，这种系统就是白色系统。黑色系统是指系统的信息完全未知，如遥远的星球质量和体积等完全不能确定，这种系统就是黑色系统。

所谓灰色系统是介于白色系统和黑色系统之间的一种系统，其系统的部分信息已知，部分信息未知。一般地，社会系统、经济系统、生态系统都是灰色系统。如电力需求系统，对于影响系统的发电机组、电网容量、大用户的负荷等都是已知，但是影响电力需求预测的天气情况、地区经济政策等情况却难以确定，因此，电力需求系统是一个典型的灰色系统。

灰色系统理论认为对既含有已知信息又含有未知或非确定信息的系统进行预测，就是对在一定方位内变化的、与时间有关的灰色过程的预测。尽管过程中所显示的现象是随机的、杂乱无章的，但毕竟是有序的、有界的。因此，这一数据集合具备潜在的规律，灰色预测就是利用这种规律建立灰色模型对灰色系统进行预测。灰色预测一般有四种类型：

（1）数列预测。对某现象随时间的顺延而发生的变化所做的预测定义为数列预测。如对消费物价指数的预测，需要确定两个变量：一个是消费物价指数的水平；另一个是这一水平所发生的时间。

（2）灾变预测。对灾害或异常突变可能发生的时间的预测称为灾变预测。如对地震时间的预测。

（3）系统预测。对系统中众多变量间相互协调关系的发展变化所进行的预测称为系统预测。如市场中替代商品、相互关联商品销售量互相制约的预测。

（4）拓扑预测。将原始数据作曲线，在曲线上按定值寻找该定值发生的所有时点，并以该定值为框架构成时点数列，然后建立模型预测未来该定值所发生的时点。

目前使用最广泛的灰色预测模型是 GM（1，1）模型，它是由一个只包含一个变量的一阶微分方程构成的模型。经证明，经一阶线性微分方程的解逼近所揭示的原始时间数列呈指数变化规律。因此，当原始时间序列隐含着指数变化规律时，灰色模型 GM（1，1）的预测将是非常成功的。

（二）人工神经网络

人工神经网络是在对人脑组织结构和运行机智认识理解的基础之上模拟其结构和智能行为的一种工程系统。早在 20 世纪 40 年代初期就提出了人工神经网络的第一个数学模型，从此开创了神经科学理论的研究时代。其后又提出了感知模型，使得人工神经网络技术得以蓬勃发展。

运用人工神经网络进行电力需求预测是一种现代预测技术。这种预测方法可以模仿人脑的智能化处理，对大量非线性、非精确性结构规律具有自学习和自适应功能，这是常规算法所不具备的优点。

人工神经网络主要用于短期电力需求预测，少量用于中长期电力需求预测。因为短期电力需求预测是一个比较平稳的随机过程，而长期电力需求预测不是一个平稳的过程，常常受国家政策、经济政策的影响而出现大的转折。

目前用于电力需求预测普遍采用的是 BP 模型，该模型有三个层次：输入层、隐含层和输出层。将影响电力需求的各种特征量，如最高温度、最低温度、平均温度、负荷类型（工作日、节假日等）等特征作为 BP 模型的输入量，采用误差逆传播算法，经过一定的训练，获得电力需求的预测值。研究表明，预测效果比其他方法更准确，具有实用价值。

（三）小波分析

小波分析是当前数学中发展迅速的一个新领域，它不仅理论深刻而且应用十分广泛。小波变换与 Fourier 变换、窗口 Fourier 变换（Gabor 变换）相比，是一个时间和频率的局域变换，因而能有效地从信号中提取信息，通过伸缩和平移等运算功能对函数或信号进行多尺度细化分析，解决了Fourier变换不能解决的许多困难问题，使小波变换被誉为“数学显微镜”。

电力系统的日负荷曲线具有特殊的周期性，这种周期性既表现为以“天”为周期的变化趋势，又表现为以“周”为周期的变化趋势，同时还表现为以“年”为周期的变化趋势。可以说是大周期中套着中周期，中周期中套着小周期。

小波变化实际上就是将各种不同频率的信号进行分解，分解成不同频带上的信号块。对电力需求预测采用小波变换可以将电力需求序列通过一定的小波变换，分解成不同频带的信号，这种分解后的信号更加清楚地体现了电力需求子序列的周期性。

分解后的电力需求子序列可以采用一定的方法进行预测，如采用自回归分析进行预测。所谓自回归分析是指以所要预测的电力需求自身作为因变量，以电力需求的历史数据作为自变量进行回归分析，由于自变量和因变量都是电力需求自身，因此称为自回归分析。由于电力需求的各子序列的周期性较强，对其进行自回归分析的效果更准确。

对各子序列进行自回归分析后，还需在此基础上采用小波逆变换将各子序列重组为原信号，即重组为原电力需求序列。这样预测比直接采用自回归分析预测要准确得多。

小结

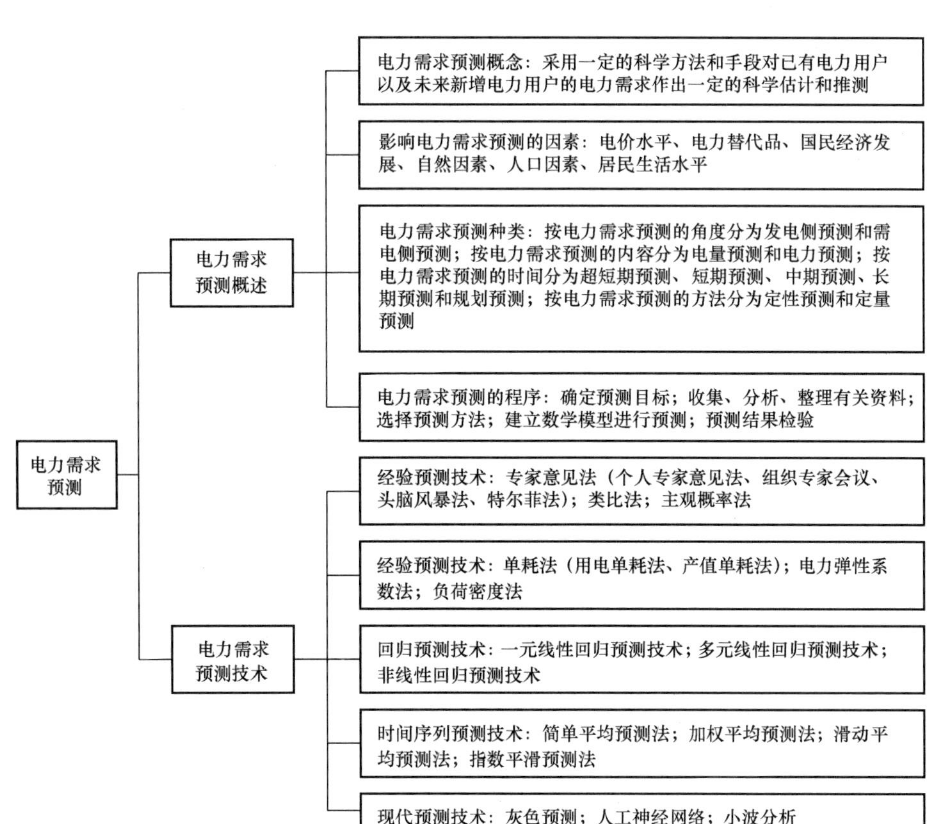

主要概念

电力需求预测、电力弹性系数。

思考题

1. 影响电力需求的因素有哪些？
2. 电力需求预测是如何分类的？
3. 电力需求预测包括哪些程序？
4. 专家意见法有哪些具体的预测方法？具体是怎么实施的？
5. 经验预测技术有哪些？具体是怎么进行预测的？
6. 回归预测技术有哪些？一元线性回归预测技术是怎么进行预测的？
7. 时间序列预测技术有哪些？具体是怎么进行预测的？
8. 现代预测技术有哪些？

第四章　电力市场细分与目标电力市场

学习目标

(1) 掌握电力市场细分的含义。
(2) 掌握发电市场和售电市场细分的依据。
(3) 了解电力市场细分的步骤。
(4) 掌握目标电力市场的含义。
(5) 了解一般目标市场的策略。
(6) 分别掌握发电目标市场和电力销售目标市场的具体策略。
(7) 掌握目标电力市场定位的含义。
(8) 掌握目标电力市场定位的依据。
(9) 了解电力市场定位的步骤。

第一节　电力市场细分

一、电力市场细分的含义

电力市场细分是指发电企业或售电企业按照电力用户或电力消费者的一定特性，将原有的发电市场或售电市场分解为两个或两个以上的电力分市场或电力子市场，用于确定目标电力市场的过程。

市场细分的概念是由美国著名市场学家温德尔·史密斯于 1956 年在《市场营销战略中的产品差异化与市场细分》一书中首先提出。它是以消费者的需求特性为内在基础，认为消费者对市场的需求存在同质和异质。当消费者对产品的需求大致相同时，企业可生产一种产品和采用一种营销策略加以满足，即所谓同质市场。当消费者对产品的需求差异很大时，会形成几个购买群，此时企业就要分别生产不同的产品和采用不同的营销策略以满足不同的消费者，即所谓异质市场。如不同电压等级的用户分别需要不同电压等级的电能，就形成了异质市场。

市场细分实际上是一种本着“求大同存小异”的原则，对市场进行分类的方法。在市场营销的过程中，任何市场都是由一些需求不同、购买动机不同的消费者或用户组成，消费者或用户之间的不同有时非常明显，有时却不明显。对不明显者，就本着“求大同存小异”的原则，将这群具有相似特性的消费者或用户，从差异明显的大市场中划分出来，成为一个子市场。可见对大市场来讲是“同中有异”，对子市场来讲是“异中有同”。

市场细分不同于一般的市场分类，一般的市场分类是以产品为中心进行分类，如依据产品的分销领域将市场分为国际市场和国内市场，依据产品的生产领域将产品分为工业产品市场和农业产品市场等。而市场细分是以消费者或用户为中心进行分类，如依据电力消费者或电力用户的属性，可将电力市场细分为居民用电市场、非居民用电市场、普通工业与非工业用电市场、大工业用电市场、农业用电市场等。

二、发电市场细分的依据

发电市场细分的主要依据是电力使用对象和时间因素。

1. 电力使用对象

依据电力使用对象可以将发电市场细分为终端大用户市场和中间输电市场。终端大用户市场是指发电企业将电力直接销售给电力大用户，电力大用户通过输电网并交纳一定的输电服务费获得发电企业的电力，电力大用户的购电费直接与发电企业进行结算。中间输电市场是指发电企业将电力销售给电网经营企业，电网经营企业再将电力销售给广大电力用户，发电企业与电力用户之间不发生直接联系。

2. 时间因素

依据时间因素可以将发电市场细分为期货与期权交易市场、中长期合约市场、日前交易市场、辅助服务市场和实时交易市场。电力期货与期权市场都是在电力现货市场之外衍生的纯粹金融市场。目前，美国、英国、澳大利亚和北欧等国家地区均建立了电力期货或期权市场。中长期合约市场分为年度合约市场和月度合约市场，通常通过年度合约和月度合约交易的电量占整个电力市场该时期内交易电量的70%～80%，是保证电力市场稳定运行的重要手段。日前交易市场也称现货交易市场，是在每个交易日的前一天进行的交易。辅助服务市场通常在日前交易市场之后，实时交易市场之前进行的交易。实时交易市场从15min到几小时，通常每个交易时段为15min。

三、售电市场细分的依据

售电市场细分的主要依据是最终使用对象、电价因素和电力用户规模等因素。

1. 最终使用对象

电力产品深入千家万户、各行各业，售电市场要面对不同的使用对象。不同的电力使用对象对电力产品的要求不同，如不同的用户对电能的电压要求不同，不同的用户对电能的可靠性要求也不同。因此，最终使用对象是售电市场进行市场细分的主要因素。按最终使用对象可将售电市场细分为第一产业用电市场、第二产业用电市场、第三产业用电市场和城乡居民生活用电市场；或者分为农林牧渔水利业、工业、地质普查和勘探业、建筑业、交通运输邮电通信业、商业公共饮食物资供销仓储业、其他事业、城乡居民中生活用电等八类细分市场。上述两种细分存在以下关系：将农林牧渔水利业中除去水利业用电量就是第一产业用电量；第二产业用电量包括工业和建筑业用电量；第三产业用电量包括地质普查和勘探业、交通运输邮电通信业、商业公共饮食物资供销仓储业、水利业和其他事业用电量。

2. 电价因素

在售电市场中，电价是一个非常复杂的因素，也可以作为市场细分的主要依据。依据电价不同目前可以将售电市场细分为居民生活用电、非居民生活用电、商业用电、非工业用电及普通工业用电、大工业用电、农业生产用电、贫困县农业灌溉用电。

3. 电力用户规模

用户规模能够充分体现用户需电量的多少，按用户的规模进行市场细分，可以帮助售电企业有效地分析电力市场需求情况。按用户规模可将售电市场细分为大用户、中用户、小用户。售电企业对大用户应该采用比较特殊的营销策略。

四、有效电力市场细分的条件

细分电力市场的方法有很多，但并不是所有的细分方法都有效。有效的细分市场应具备可测量性、可盈利性、可进入性、可区分性和可行动性等五个特征。

1. 可测量性

可测量性是指细分的电力市场规模、购买潜力和大致轮廓可以测量。如将售电市场细分为第一产业用电市场、第二产业用电市场、第三产业用电市场和城乡居民生活用电市场，上述子市场的用电量可以通过计量装置测量，因此是有效的。但如果将售电市场细分为儿童用电市场和成人用电市场则是不科学的，因为无法计量这种细分市场的用电量。

2. 可盈利性

可盈利性是指细分电力市场的规模足够大，有足够的利润来吸引电力企业为之服务。细分市场应是现实中可能最大的同质市场，值得电力企业为其制定专门的营销计划。

3. 可进入性

可进入性是指电力企业能有效地进入细分电力市场并为之服务。对于电力企业来讲，可进入性具有特殊的意义。因为电力市场受地理因素的限制，有效的电力市场细分的一个重要表现是能使电力企业今后进入该电力细分市场。

4. 可区分性

可区分性是指所细分的电力子市场之间从概念上讲是有区别的，并且不同的细分市场对于不同的营销组合方案具有不同的反应。

5. 可行动性

可行动性是指电力企业能系统地制定有效的营销计划来吸引细分电力市场，并为之服务。

五、电力市场细分的步骤

依据美国市场营销专家麦克阿瑟对市场细分步骤的理解，电力市场细分一般由以下七个相互联系的步骤组成。其中，售电市场直接面向电力用户，采用这种细分步骤比较合适。发电市场主要面向终端电力大用户和中间输电市场，市场细分没有这么复杂，步骤可以简化。

1. 确定适当的电力市场范围

电力企业确定经营目标之后，紧接着必须确定市场的经营范围，这是电力市场细分的基础。确定电力市场范围应以用户的需要为基础，而不是以商品本身的特性为基础。为此，电力企业必须开展深入细致的调查研究，分析电力市场需求的动向，做出相应的决策。同时选择电力市场范围时，电力企业应考虑自己所具有的资源和能力。

2. 列出潜在的电力需求

在选择适当的电力市场范围后，列出所选择的电力市场范围内所有潜在用户的全部电力需求，这是确定电力市场细分的依据。电力企业应对市场上刚开始出现或将要出现的电力需求，尽可能全面而详细地罗列归类，以便针对电力需求的差异性，决定实行何种电力细分市场的变数组合，为电力市场细分提供可靠的依据。

3. 构成可能存在的电力细分市场

电力企业通过分析不同用户的电力需求，找出各类电力用户的典型及其需求的具体内容，以及电力用户需求类型的地区分布、人口特征、购买行为等方面的情况，作出估计和判断，构成可能存在的电力细分市场，这种细分比较粗略。

4. 寻找主要市场细分因素

在上述粗略的电力市场细分的基础上，寻找主要的细分因素，以便对电力市场进行详细细分。

5. 确定细分市场名称

电力企业应根据各个电力细分市场消费者或用户的主要特征，用尽量形象化的方法，富有创造力地为各个可能存在的电力细分市场命名，并尽可能对已命名的电力细分市场及其需求进行调查，深入了解这些细分市场的电力用户的购买动机与购买行为，以便对各个电力细分市场进行必要的调整，最终确定细分市场名称。

6. 估计电力市场的规模

电力企业应将各电力细分市场同电力用户的特点联系起来，然后估计各电力细分市场的潜力，决定电力细分市场的规模。

7. 确定目标电力市场

在估计电力市场规模的基础上，寻找电力市场主攻方向，确定目标电力市场。

电力市场七步细分法简便易行，实践证明，它有利于电力企业在电力市场细分中正确选择营销的目标电力市场。但细分电力市场是一件复杂的工作，无论其过程如何，都不能忘记电力市场细分的结果应该达到内部需求的一致性与相互间需求的差异性，它是电力企业选择目标电力市场的先决条件。

第二节 目标电力市场选择

一、目标电力市场的含义

电力企业进行市场细分的目的就是要寻找目标电力市场，实行目标电力市场策略。因为通过电力市场细分，可以发现潜在或未满足的电力需求，从而为电力企业扩大电力市场提供条件。目标电力市场选择是否正确，关系到电力企业目标和任务能否完成、电力企业市场营销战略能否实现。

所谓目标电力市场是指发电企业或售电企业在电力市场细分的基础上，选择一个或几个电力子市场作为电力企业所要进入并占领的市场，该进入并占领的市场就叫目标电力市场。

二、一般目标市场策略

企业在市场细分的基础上，要决定为多少子市场服务，即确定目标市场策略时，一般有三种策略可供选择：无差异市场策略、差异市场策略和集中市场策略。

（一）无差异市场策略

所谓无差异市场策略是指企业在市场细分的基础上，虽然认识到产品有不同的细分市场，但权衡利弊，不考虑各子市场的特性差异，只注重各子市场的共性，将所有子市场看作一个大的目标市场，只设计一种产品，运用一种营销组合。

无差异市场策略具有如下优点：一是由于无差异市场策略忽视了市场需求的差异，有利于企业组织大规模生产和标准化生产；二是由于可以组织大规模生产和标准生产，出现了规模效益，使企业生产的成本费用得以降低。但无差异市场策略也有其缺点：一是该策略使用范围较窄，一般只适用于具有同质性的产品，对多数产品不适合；二是该策略的经营风险大，因为用同一产品以同样方式进行销售，并能得到所有消费者的满意，几乎是不可能的。

所以在市场营销中一般不能忽视产品的差异性。

（二）差异市场策略

所谓差异市场策略是指企业在市场细分的基础上，选择多个细分市场作为目标市场，分别设计不同的产品，采取不同的营销策略，以适用各子市场的需要。

差异市场策略的优点是：不仅能满足不同消费者的需求，扩大企业的销售量；而且能分散企业的经营风险。其缺点是：由于要分别设计不同的产品，采取不同的营销策略，使企业的生产成本、促销费用、研究开发费用都相应增加。

（三）集中市场策略

所谓集中市场策略是指企业集中全部力量，只选择一个或少数几个性质相似的子市场作为目标市场，开发一种产品，制定一套营销策略，集中力量在目标市场上占有较大的市场占有率。

集中市场策略具有如下优点：一是该策略适用于资源有限的中、小企业，或初次进入市场的大企业；二是由于市场与营销的专业化，只要市场选择恰当，同样可以起到节省成本、增加盈利的作用。该策略的主要缺点是经营风险大，由于集中市场经营，目标过于集中，一旦市场营销环境变坏，企业就会陷入困境。

三、发电目标市场的具体策略

依据一般目标市场策略可以看出，无差异市场策略不考虑各子市场的特性差异，只注重各子市场的共性，把所有子市场看作一个大的目标市场，只设计一种产品，运用一种营销组合。由于发电企业面向的电力用户主要是终端大用户和电网经营企业，针对发电市场的具体情况，采用无差异市场策略是不现实的，因此，发电目标市场通常采用差异市场策略和集中市场策略。

（一）差异市场策略

1. 差异市场策略之一

如图 4-1 所示，依据电力使用对象可以将发电市场细分为终端大用户市场和中间输电市场。因此，发电目标市场的具体差异化策略之一可以既为中间输电市场服务，也为一些终端大用户服务，并针对两类不同的细分市场采取不同的营销策略。

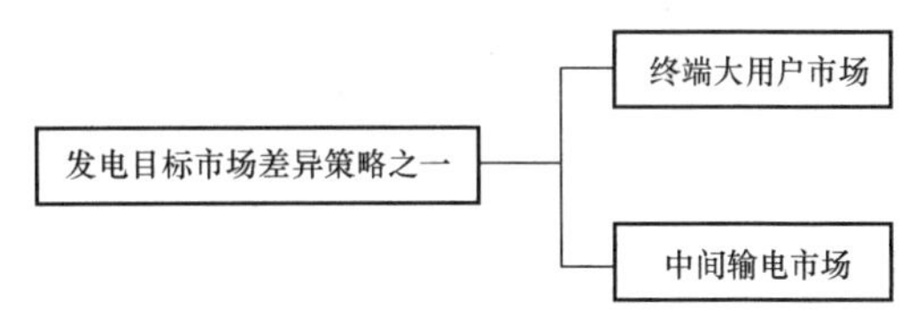

图 4-1　差异市场策略之一

2. 差异市场策略之二

如图 4-2 所示，依据时间因素可以将发电市场细分为期货与期权交易市场、中长期合约市场、日前交易市场、辅助服务市场和实时交易市场。因此，发电目标市场的具体差异化策略之二可以同时为这五种市场服务，并分别设计和采用不同的营销策略。

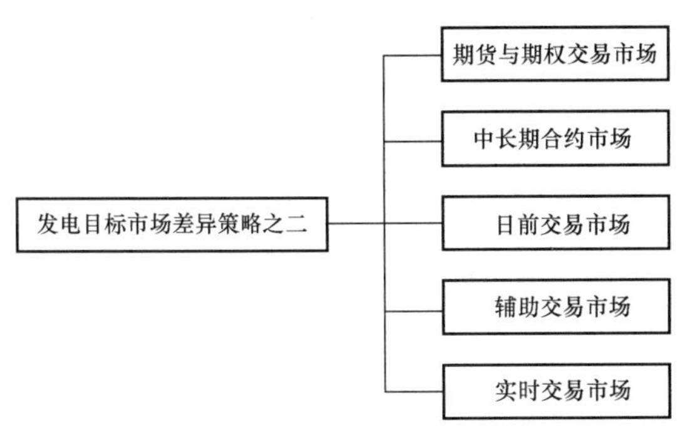

图 4-2　差异市场策略之二

（二）集中市场策略

依据集中市场策略的基本理论可以看出，发电企业的集中市场策略是指发电企业根据自身情况，集中自身优势力量，只选择一个或几个性质相似的子市场作为目标电力市场，制定一套电力营销策略，从而在目标电力市场上获取较大的市场占有率。根据发电企业的具体情况，常采用以下几种集中市场策略。

1. 集中策略之一

如图 4-3 所示，根据发电企业的自身情况，可以选择集中自身优势力量，为中间输电市场服务，形成集中化市场策略。

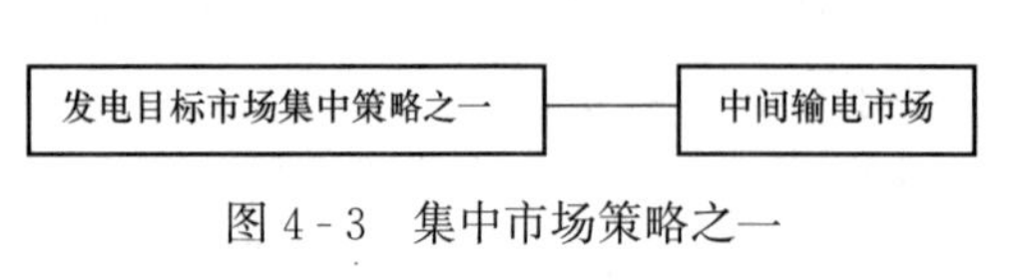

图 4-3 集中市场策略之一

2. 集中策略之二

如图 4-4 所示，根据发电企业的自身情况，可以集中自身优势力量，为中长期合约市场、日前交易市场和实时交易市场服务，形成集中化市场策略。

3. 集中策略之三

如图 4-5 所示，根据发电企业的自身情况，可以集中自身优势力量，为中长期合约市场、日前交易市场、辅助交易市场和实时交易市场服务，形成集中化市场策略。

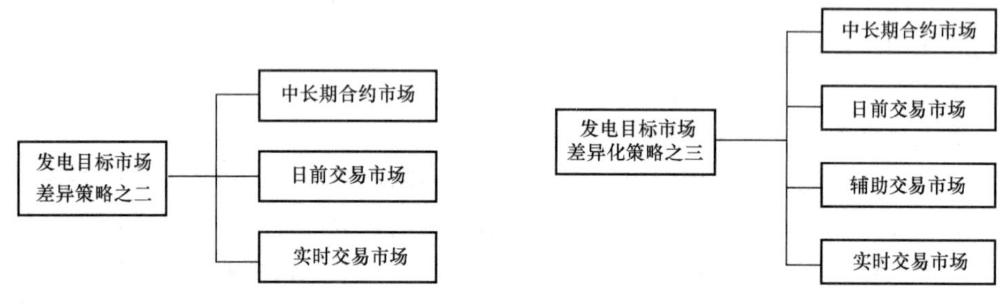

图 4-4 集中市场策略之二　　图 4-5 集中市场策略之三

四、售电目标市场的具体策略

同样依据一般目标市场策略可以看出，无差异市场策略不考虑各子市场的特性差异，只注重各子市场的共性，将所有子市场看作一个大的目标市场，只设计一种产品，运用一种营销组合。由于售电市场面向广大终端电力用户，针对售电市场的具体情况，采用无差异市场策略是不现实的，因此，售电目标市场通常采用差异市场策略和集中市场策略。

（一）差异市场策略

1. 差异市场策略之一

依据最终使用对象，售电市场可以分为第一产业用电市场、第二产业用电市场、第三产业用电市场和城乡居民生活用电市场。因此，售电企业可以同时为这四类细分市场服务，对不同的细分市场采用不同的营销策略，形成差异化市场策略。其具体如图 4-6 所示。

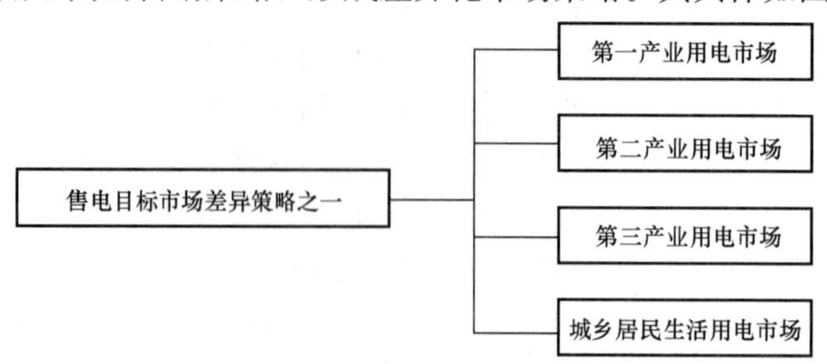

图 4-6 差异市场策略之一

2. 差异市场策略之二

依据电价不同，售电市场可以分为居民生活用电、非居民生活用电、商业用电、非工业用电及普通工业用电、大工业用电、农业生产用电、贫困县农业排灌用电。售电企业可以同时为这七类不同的用户提供服务，对不同的细分市场采用不同的营销策略，形成差异化市场策略。其具体如图 4 - 7 所示。

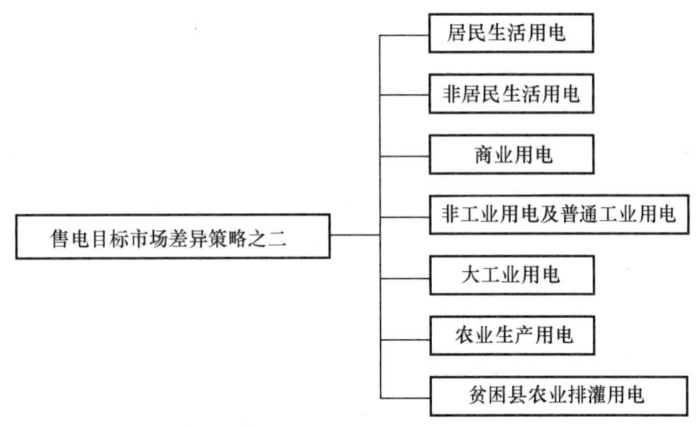

图 4 - 7　差异市场策略之二

3. 差异市场策略之三

依据需电量的大小，可将售电市场细分为大用户、中用户和小用户。售电企业可以同时为这三类不同的用户提供服务，对不同的细分市场采用不同的营销策略，形成差异化市场策略。其具体如图 4 - 8 所示。

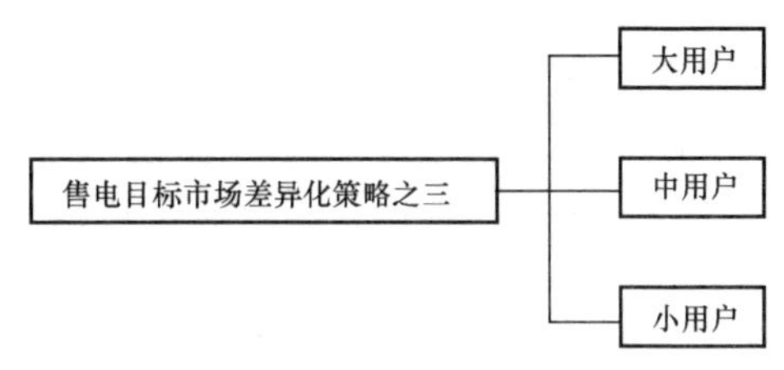

图 4 - 8　差异化策略之三

（二）集中市场策略

依据集中市场策略的基本理论可以看出，电力销售目标市场的集中策略是指售电企业根据自身情况，集中自身优势力量，只选择一个或几个性质相似的子市场作为目标电力市场，制定一套电力营销策略，从而在目标电力市场上获取较大的市场占有率。

根据售电企业的具体情况，可以采用任何一个或几个子市场作为目标电力市场。本书不再列举具体图例。

第三节　目标电力市场定位

一、目标电力市场定位的含义

市场定位的概念首次由两位广告经理艾尔·里斯和杰克·特劳塔于 1972 年提出，他们在《广告时代》发表了定位纪元等一系列文章，之后又推出了成名作《头脑中的战争》，明确提出了市场定位问题。

所谓目标电力市场定位是指在电力市场细分、目标电力市场选择的基础上，根据目标电力市场上竞争者的地位，结合电力企业自身的条件，从各方面为发电企业或售电企业，以及电力产品创造一定的特色，树立一定的市场形象，以求在电力消费者和电力用户心目中形成一种特殊的偏好。

二、目标电力市场定位的依据

发电企业或售电企业在电力市场细分和目标电力市场选择的基础上，需要依据一定的标志对企业自身以及产品进行定位，鉴于发电企业和售电企业所销售的产品相同，仅仅是所处的生产环节不同，因此，其目标电力市场定位的依据基本相同。

（1）根据属性和利益定位。依据电力产品本身的属性以及电力用户由此获得的利益进行定位。如以“为用户提供经济、合理、安全、可靠的电能”作为电力市场的定位依据。

（2）根据价格和质量定位。电力产品的价格，即电价是一个非常重要的因素，以电价为依据进行市场定位，能帮助电力企业在用户心目中树立良好的形象。同样，电力产品的质量也是电力用户非常关心的一个因素，以电力产品的质量进行定位同样会起到很好的效果。

（3）根据产品用途定位。电力产品的应用很广，可以用于生活的各个方面和国民经济的各个领域，因此，以电力产品的用途进行定位是一个重要的依据。

（4）根据使用者定位。不同的使用者对电力产品的要求不同，可以根据使用者的不同进行电力市场的定位。如发电企业针对大用户进行定位，专门为大用户提供服务；售电企业针对居民用户进行定位，专门为居民用户提供服务。

（5）根据竞争地位定位。根据竞争地位进行定位是指选择与竞争对手完全不同的利益或属性来为本企业进行定位。如某售电企业为其电力产品定位为电压、频率合格，供电可靠，另一售电企业可选择不同的利益或属性，如选择电力售后服务好作为定位的依据，可以充分体现不同的竞争地位。

（6）几种方法结合使用。将上述多种方法结合起来为电力市场进行定位。

总之，发电企业或售电企业进行市场定位时，一般可以根据具体情况选择不同的定位依据。

三、电力市场定位的步骤

发电企业或售电企业在进行电力市场定位时应遵循一定的程序，一般包括以下三个主要步骤。

1. 分析目标电力市场现状，确认潜在电力竞争优势

通过对已选择的目标电力市场进行调查，了解目标电力市场上竞争者提供电力产品的特性，了解电力用户对电力产品需求特性的要求等，确认潜在的电力竞争优势。

2. 准确选择电力竞争优势，对目标电力市场初步定位

竞争优势的选择有两种基本类型：一是在同样条件下，竞争者对电力产品价格的定位更低；二是以更好的电力服务或更好的电力产品质量为优势。前者发电企业或售电企业应努力降低电能的成本，以更低的电价进行定位；后者发电企业或售电企业应努力提高电力产品的质量，加强电力服务等，以更好的服务进行定位。

3. 准确选择电力竞争优势，对目标电力市场正式定位

在目标电力市场初步定位比较顺利的基础上，可以对发电企业或售电企业进行正式定位。同时还应展开大力宣传，将发电企业或售电企业的定位观念准确地传递给目标电力市场，包括潜在的电力购买者。要避免因宣传不当在公众中造成误解。

小　结

- 电力市场细分与目标电力市场
  - 电力市场细分
    - 电力市场细分：指发电企业或售电企业按照电力用户或电力消费者的一定特性，将原有的发电市场或售电市场分解为两个或两个以上的电力分市场或电力子市场，用于确定目标电力市场的过程
    - 发电市场细分的依据：电力使用对象、时间因素
    - 售电市场细分的依据：最终使用对象、电价因素、电力用户规模
    - 有效电力市场细分的条件：可测量性、可盈利性、可进入性、可区分性、可行动性
    - 电力市场细分的步骤：确定适当电力市场范围、列出潜在的电力需求、构成可能存在的电力细分市场、寻找主要市场细分因素、确定细分市场名称、估计电力市场的规模、确定目标电力市场
  - 目标电力市场选择
    - 目标电力市场：是指发电企业或售电企业在电力市场细分的基础上，选择一个或几个电力子市场作为电力企业所要进入并占领的市场，该进入并占领的市场就叫目标电力市场
    - 一般目标市场策略：无差异市场策略、差异市场策略、集中市场策略
    - 发电目标市场策略：差异市场策略、集中市场策略
    - 售电目标市场策略：差异市场策略、集中市场策略
  - 目标电力市场定位
    - 目标电力市场定位：是指在电力市场细分、目标电力市场选择的基础上，根据目标电力市场上竞争者的地位，结合电力企业自身的条件，从各方面为发电企业或电力销售企业，以及电力产品创造一定的特色，树立一定的市场形象，以求在电力消费者和电力用户心目中形成一种特殊的偏好
    - 目标电力市场定位的依据：利益和属性、价格和质量、产品用途、使用者、竞争地位、几种方法综合使用
    - 电力市场细分的步骤：分析目标电力市场现状，确认潜在电力竞争优势、准确选择电力竞争优势，对目标电力市场初步定位

主要概念

电力市场细分、目标电力市场、目标电力市场定位。

思 考 题

1. 分别阐述发电市场和售电市场细分的依据。

2. 电力市场细分的步骤是什么？
3. 阐述发电目标市场的具体策略。
4. 阐述售电目标市场的具体策略。
5. 目标电力市场定位的依据是什么？
6. 电力市场定位的步骤是什么？

第五章　电力购买行为分析

学习目标

（1）掌握电力消费者市场的特点。
（2）了解电力消费者的购买行为模式。
（3）了解影响电力消费者购买行为的主要因素。
（4）掌握电力消费者购买决策的过程。
（5）掌握电力产业市场的特点。
（6）掌握电力产业市场的购买决策过程。

第一节　电力消费者购买行为分析

一、电力消费者市场的特点

电力用户一般分为居民用户和产业用户，居民用户一般称为电力消费者。由于电力消费者主要为城镇和农村居民，因此，这类消费者具有以下特点。

（1）需电量水平低。电力消费者的用电主要是家庭消费，相对于产业用户，需电量总体水平相对较低。

（2）需电量分布不均。一般城镇居民用电相对集中，农村居民用电相对分散；东部发达地区居民用电相对集中，西部边远地区居民用电相对分散。

（4）电力需求潜力较大。一般居民家庭用电随着人民生活水平的提高不断增加，其电力市场潜力较大。

二、电力消费者的购买行为模式

售电企业面临两类用户：电力消费者和产业用户。售电企业的经济效益主要取决于为电力消费者和产业用户服务，满足其需求而取得相应的利润。因此，售电企业应特别重视对电力消费者和产业用户购买行为的分析和研究。本节主要介绍电力消费者的购买行为，下一节将介绍产业用户的购买行为。

在电力供不应求时期，售电企业主要通过计划用电这一手段，合理分配电能，做到发电、供电、用电综合平衡，保证电力产品的质量。随着电力供需矛盾的缓和，特别是随着电力体制的改革，电力市场的逐步建立，售电企业的发展已经不可能仅仅依靠过去的行业优势，必须在研究电力消费者购买行为的基础上，通过一系列的市场营销活动推动企业的发展。

人的行为受心理活动支配，电力消费者的购买行为同样也受自身心理活动支配。心理学原理指出：刺激产生反应，这是一切心理现象产生的方式，没有刺激就没有反应，也就没有心理现象。所谓刺激就是刺激物对有机体的影响。所谓反应就是有机体对刺激的回答。因此电力消费者购买行为研究的关键是研究电力营销刺激与电力消费者反应之间的关系。这种研究以下列购买者行为简单模式为起点，如图 5-1 所示。

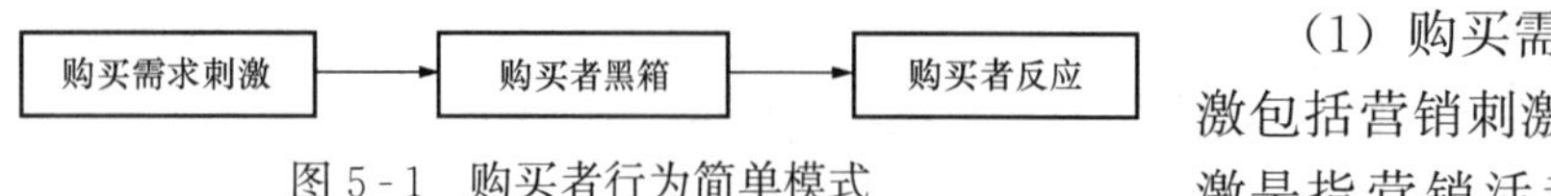

图 5-1 购买者行为简单模式

（1）购买需求刺激。购买需求刺激包括营销刺激和其他刺激。营销刺激是指营销活动中所使用的各种刺激，主要通过产品、价格、销售渠道和促销手段等措施来实现。其他刺激是指除营销刺激以外的刺激手段，包括经济、技术、政治和文化等刺激。所有这些刺激都会进入购买者黑箱中。

（2）购买者黑箱。购买者黑箱就是有机体的感受器，并不是有机体中存在的一个特殊体，而是购买者的个性心理特征和购买者决策的心理过程。这种心理特征和心理过程具有一定的神秘感，如同黑箱一样。

（3）购买者反应。购买者反应是指电力购买者的购买决策，具体内容包括：售电企业的选择、扩容的选择、容量的选择、时间的选择等。

综上所述，购买者行为的详细模式如图 5-2 所示。

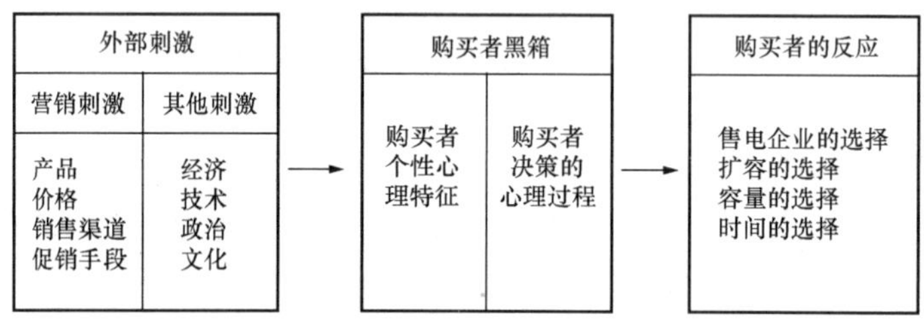

图 5-2 购买者行为的详细模式

三、影响电力消费者购买行为的主要因素

电力消费者的购买行为受许多因素的影响，这些因素归纳起来主要有四类，即电力购买者因素、电力产品因素、电力销售者因素和电力购买情景因素等。

（一）电力购买者因素

电力购买者因素是指电力购买者自身的因素。因为电力购买者的购买行为不是凭空作出，而是要受各种因素的影响。从购买者本身来讲，影响电力消费者购买行为的因素主要有文化因素、社会因素、个人因素和心理因素等。

（1）文化因素。文化因素主要有文化、亚文化和社会阶层等，对消费者的行为具有最广泛和深远的影响。文化是在人们社会实践中形成的，包括价值观念、伦理道德、风俗习惯、宗教信仰、审美观、语言文字等。每一种文化又包含若干亚文化，如民族亚文化、宗教亚文化、地理亚文化等。不同的人又处在不同的社会阶层中，其职业、收入、所受教育程度以及价值观等都不相同。这些因素对电力消费者的购买行为都会产生不同的影响。

（2）社会因素。电力消费者购买行为也受到诸如相关群体、家庭、社会角色、地位等一系列社会因素的影响。相关群体是指一个人在形成某种态度、意见和购买行为时给以影响的群体。相关群体的消费行为不仅给电力消费者提供了可供选择的模式，而且相关群体的观念和态度对电力消费者也会产生影响，导致产生新的电力购买行为，同时相关群体的电力购买行为会引起人们的仿效欲望，产生仿效行为并促使人们的电力购买行为趋于某种一致化。另外，家庭作为社会组织的一个基本单位，以及每个人在群体中的社会角色和地位等对电力消费者购买行为有着重要影响。

（3）个人因素。电力消费者的购买决策也受个人特性的影响，特别是受其年龄阶段、职业、经济状况、生活方式、个性以及自我观念的影响。

（4）心理因素。随着社会经济的发展，人们可以自由支配的收入增加，心理因素对电力消费者购买行为的影响作用会相对增大。心理因素包括动机、知觉、习得行为和态度等四个方面。电力消费者的购买动机就是电力消费者实行电力购买行为的一种愿望，反映了电力消费者对电力产品的需要。电力消费者的购买行为总是受一定的购买动机所支配，甚至受多种动机共同支配。同时任何消费者购买商品，都要通过自己的五官感觉，进行综合分析，得到知觉，才能决定是否购买，因此，知觉也是影响电力消费者购买行为的一个因素。电力消费者的购买行为又受消费者习得行为的影响，所谓习得行为就是指人们后天学习所表现的行为。而态度会导致人们对某一事物产生或好或坏、或亲或疏的感情，所以态度对电力消费者的购买行为也会产生一定的影响。

（二）电力产品因素

由于电力购买者购买的是电力产品，因此电力购买者一定会考虑电力产品本身的因素。

（1）电力产品的质量。消费者购买任何一种产品都会考虑产品的质量问题，购买电力产品也不例外。对电力消费者来讲，电力产品主要指电能。衡量电能质量的指标有电压、频率和供电的可靠性，上述内容本书将在后续章节中详细叙述。

（2）电价因素。消费者购买电力产品必须要考虑电价，尤其是当消费者可以选择相互替代的不同能源时，价格因素是影响消费者购买的一个非常重要的因素。电价不仅受成本、利润水平、税收政策等构成因素的影响，而且也受电力供求状况、电力竞争状况、能源条件、经济发展水平以及法规政策等因素的影响，电价的制定必须合理。关于电价的合理制定本书将在后续章节中叙述。

（3）电力产品的服务因素。购买电力产品之后，相应的售后服务也是影响电力消费者购买的主要因素。当电能的质量和电价因素相差不大时，电力产品的服务因素就成为影响电力消费者购买行为的主要因素。

（三）电力销售者因素

对电力消费者来讲，电力销售者主要指售电企业，电力销售者因素主要包括电力销售者的形象、电力销售者的信誉和电力销售者的服务质量。

（1）电力销售者的形象。企业的形象对消费者的购买行为有很大的影响，良好的企业形象往往会吸引消费者购买该企业的产品。同样电力消费者也希望为其服务的电力企业具有良好的企业形象。因此，售电企业必须注重在公众中树立良好的形象，以吸引电力消费者购买本企业的电能。

（2）电力销售者的信誉。企业的信誉是企业的生命力所在，一个没有信誉的企业是不会吸引消费者的，因此售电企业的信誉是影响电力消费者购买行为的重要因素。

（3）电力销售者的服务质量。电力销售者的服务质量与上述电力产品的服务因素是一个问题的两个角度，电力销售者的服务质量是从售电企业的角度谈服务质量，而电力产品的服务因素则是从电力产品角度谈服务质量。无论从哪个角度分析问题，服务质量对电力消费者的购买行为都产生一定的影响。

（四）电力购买情景因素

情景因素是指对购买者有影响的各种环境因素，包括社会消费潮流、购买现场环境和购买气氛的感染等方面。

（1）社会消费潮流。当社会消费潮流有利于电力消费时，就会促进电力消费者的购买行为。反之，如果社会潮流不利于电力消费，如出现了使用其他能源的潮流，此时，就会影响电力消费者的购买行为。

（2）购买现场环境。电力购买现场是指售电企业的电力营业场所。电力购买现场环境是影响电力消费者购买的一个重要因素，因此，电力营业场所一定要注意环境的布置，要宽敞、明亮，同时又要有指导电力用户安全、合理、经济使用电能的宣传，以便吸引消费者经常到自己的营业场所购买电能。

（3）购买气氛的感染。购买气氛的感染也是影响电力消费者购买行为的一个重要因素，通过一定的方式进行电力产品购买气氛的渲染，如宣传广告、用电知识现场讲座等，可以促进电力消费者的购买行为。

以上四类影响购买者决策的因素之间相互影响，最终导致具体的电力购买行为的形成。

四、电力消费者购买决策的过程

电力消费者购买决策过程是指电力消费者购买行为的形成和实现的全过程。如图 5-3 所示，其一般可以分为五个阶段，即确认电力需求、相关信息搜集、进行评估选择、电力购买决定和电力购后行为。

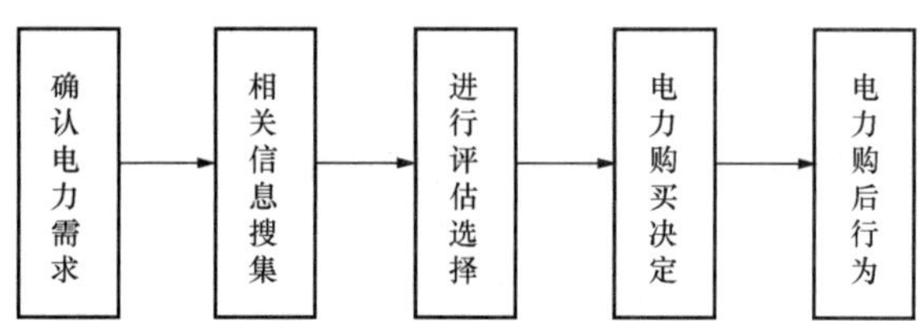

图 5-3 电力消费者购买决策过程

（1）确认电力需求。确认电力需求是电力消费者购买决策过程的起点。人们的电力需求可以来自人体的内部生理需要，也可以来自人体的外部刺激。但是电力消费者在形成电力购买决策时，需求的期望状态与实际状态存在差别，需求的期望状态只是一种潜在需求，一般情况下与实际的购买状态是不一致的。因此，人们通常要分析需求的轻重缓急，以确认电力需求。如对电力扩容需求的确认，通常人们要在比较自身众多需求的基础上，根据对电能需求的急需程度，确认是否需要电力扩容。

（2）收集相关信息。人们在确认电力需求后，会根据需求对象的复杂性和购买者的投入程度，或多或少地进行相关信息收集，并以此作为选择的依据。如对电力扩容的需求，居民一般要根据家庭所需的电力容量，了解电力扩容所需的费用，同时根据原有线路的情况了解是否允许扩容等。信息的来源可以有多种途径，如个人来源、商业来源、公众来源、经验来源等。

（3）进行评估选择。在确认电力需求并进行相关信息搜集的基础上，对各种满足电力需求的备选方案进行评估选择。如对满足扩容需求的各种备选方案进行评价与选择。这是电力消费者购买决策过程中的重要环节。

（4）电力购买决定。消费者在进行评估之后，就会形成一种电力购买决定。当然在电力购买决定形成之后与购买之前还会受各种不确定因素的影响。

（5）电力购后行为。电力购买行为形成之后，电力营销工作并没有结束，而是继续到电力购买以后。电力购后行为主要是指电力消费者购买后的满意程度。消费者购买以后是否满意和满意的程度，往往与购买者对产品的期望和产品的实际绩效之间的对比有关。如果产品与期望相称，则消费者是满意的，如果产品低于期望，消费者是不满意的。因此电力营销的广告宣传一定要实事求是，否则会引起电力消费者的不满。

电力购买决策过程的五个阶段说明，电力购买过程早在实际电力购买之前就已开始，其结束不是在实现电力购买之时，而是在电力购买之后仍会持续一段时间。因此电力营销工作应注重整个过程，而不仅仅是局限在购买决定。值得注意的是，电力购买决策过程的五个阶段是一种基本行为模式，并不是所有的电力购买行为都需要经过五个完整的阶段。

第二节　电力产业购买行为分析

一、电力产业市场的特点

对两级电力市场来讲，发电市场和售电市场都会涉及电力产业用户，也就是说发电企业和售电企业都会面临电力产业用户，电力产业用户将组成电力产业市场。

电力产业市场一般属于生产性消费或公益性消费，因此电力产业市场是一个极其庞大的市场，对于保证社会再生产的连续运行以及国民经济的发展起着巨大的作用。电力产业市场有如下特点：

（1）电力产业市场的购电量大。由于电力产业市场一般属于生产性消费或公益性消费，因此，发生的购电量很大。如我国电力市场中电能销售大约有80%是在电力产业市场中进行的。

（2）电力产业市场的用户数量少。电力产业市场相对于居民消费者而言，用户数量要少得多。居民消费者是以家庭为用户，其数量以亿计算，而电力产业用户主要是指企、事业单位，相对数量要少得多。

（3）电力产业市场的用户规模和集中程度差异大。由于产业用户的分布不均，在我国东部沿海地区产业分布量大，且相对集中，电力需求量就大，集中程度高；西部、内地产业分布量少，且分散，因此电力需求量就少，集中程度就低。

（4）电力产业市场受经济大环境影响。电力产业市场从某种程度上受国民经济发展的影响，经济发展繁荣，需电量就急速增加；经济衰退，需电量就增加缓慢。电力企业既要了解自己的营销能力，又要了解产业用户的电力需求水平、特点和竞争情况，从而正确把握电力市场的整体需求倾向。

（5）电力产业市场的电价复杂。由于电力产业市场的用户种类多，用电类别多，涉及国家的产业政策，因此在电价上要有所区分。电力企业要及时把握时机，了解动态，制定营销对策。

（6）电力产业市场的价格弹性小。电价关系国计民生，受国家统一控制，电力企业与产业用户都是执行方，不得随意改变。

（7）电力产业市场的影响因素综合。电力产业市场的影响因素有四个方面：一是环境因素，包括当前的经济环境、今后的经济前景、国家的政策变化、电力需求水平的变化、电价的变化、技术发展的速度、国家的法律法规等；二是组织因素，主要是指各行业的战略方向、发展目标和任务，产业的种类，产业的经济实力等；三是管理能力，包括产业管理人员的认识能力、权威性和管理经验，用电的技术水平，用电的动机等；四是信息因素，包括电力生产能力信息、可供电力信息、各类用户用电能力信息、电力消费心理信息、电力营销服务信息等。

二、电力产业市场的购买决策过程

如图 5－4 所示，电力产业市场的购买决策过程一般经过八个步骤，也可以根据具体情况合并某些步骤。

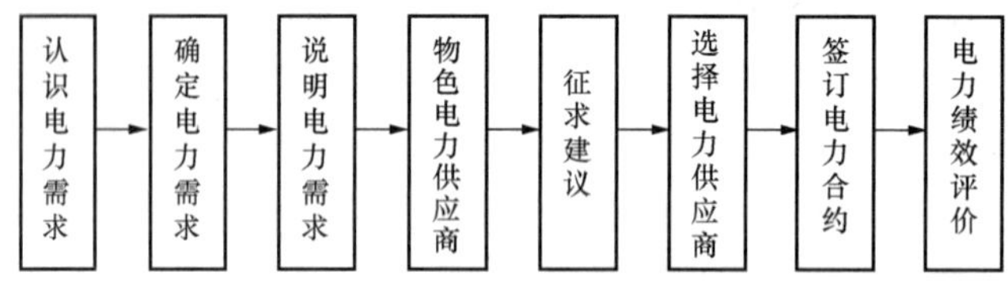

图 5－4　电力产业购买决策过程

（1）认识电力需求。认识电力需求是电力产业市场购买决策的起点。电力需求是由内在刺激或外在刺激引起的。内在刺激是指电力产业用户内部的刺激，如企业扩大发展规模，需要增加新的用电需求；外部刺激是指电力产业用户外部的刺激，如有关人员受外部影响而产生的电力需求。

（2）确定电力需求。确定电力需求是指电力产业用户通过价值分析确定所需容量、用电量、电压等级、供电可靠性的要求等。

（3）说明电力需求。说明电力需求是指电力产业用户说明所需电能的数量、电压等级、供电可靠性以及电力服务要求等。

（4）物色电力供应商。物色电力供应商是指电力产业用户的相关人员根据电力需求寻找最佳电力供应商。电力供应商可以是某个发电企业，也可以是某个售电企业。

（5）征求建议。征求建议是指电力产业用户邀请合格的电力供应商提交电力供应建议书。

（6）选择电力供应商。选择电力供应商指电力产业用户根据电力需要对物色的电力供应商进行评价，最后确定某个电力供应商。

（7）签订电力合约。签订电力合约是指电力产业用户根据电力需求与电力供应商签订合约。

（8）电力绩效评价。电力绩效评价是指电力产业用户对电力供应商的绩效加以评价，以决定维持、修正或终止供电关系。

小　结

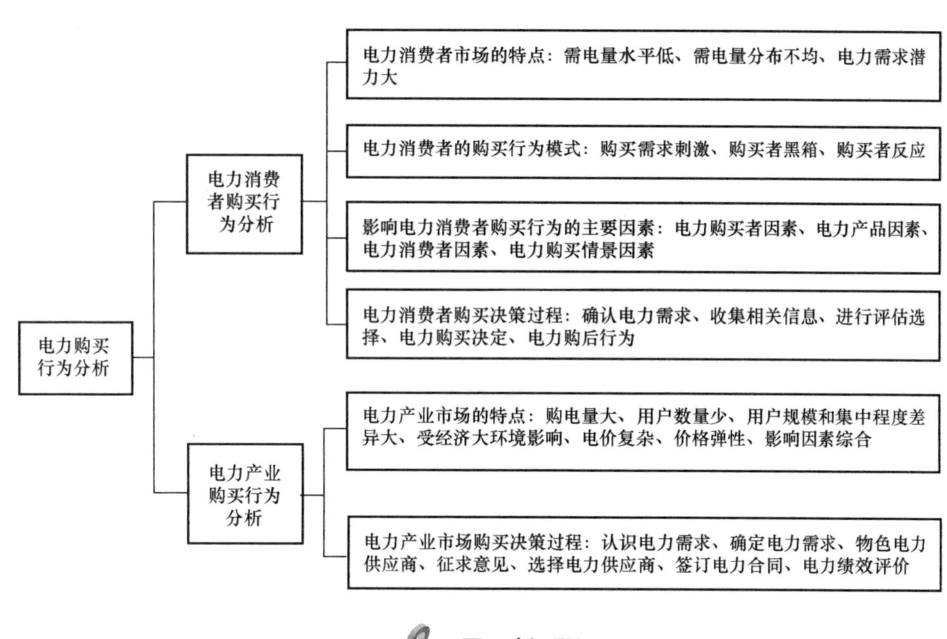

思考题

1. 电力消费者市场的特点有哪些？
2. 简述电力消费者的购买行为模式。
3. 影响电力消费者购买行为的主要因素有哪些？
4. 简述电力消费者购买决策的过程。
5. 电力产业市场的特点有哪些？
6. 简述电力产业市场的购买决策过程。

第六章 电力市场竞争策略

学习目标

（1）了解发电市场的竞争环境。

（2）掌握发电市场的竞争策略。

（3）了解售电市场的竞争环境。

（4）掌握售电市场的竞争策略。

第一节 发电市场竞争策略

一、发电市场竞争环境分析

发电市场竞争环境分析包括发电市场外部环境和发电市场内部环境两个方面，它是发电企业制定竞争策略的基础和前提。通过竞争环境分析，可以找出发电企业外部环境存在的机遇和挑战，内部环境的优势和劣势，从而制定合适的市场竞争策略。

（一）发电市场外部环境

发电市场外部环境是指对发电企业产生影响的外部因素，主要有政治法律环境、经济环境、自然环境、科学技术环境、社会文化环境、大用户环境和竞争对手环境。

（1）政治法律环境。对发电企业影响较大的政治法律环境主要有电力体制改革；电力规划，包括电源布局和电网规划；电力环保政策；电价政策；电力法规等。

（2）经济环境。对发电企业影响较大的经济环境主要有国民经济发展态势；产业结构的调整；一次能源市场的供需情况及价格水平等，特别是对火电厂，其煤炭消耗占整个生产成本的70%左右。

（3）自然环境。自然环境主要是指自然物质资源。发电企业所涉及的自然物质资源主要是指生产电力产品的一次能源，如煤炭、水资源、核燃料等，以及其他原材料。由于我国的一次能源分布很不均衡，而且电力需求与一次能源分布又不一致，使得自然资源对电力生产、营销有着重要的影响。

（4）科学技术环境。发电企业属于科技密集型企业，科学技术环境对发电企业的影响很大。对发电企业影响较大的技术环境主要有发电机组的性能、高压输电技术水平、自动控制水平、远程监控技术水平等。因此，发电企业必须对所涉及的科学技术环境进行调查。

（5）社会文化环境。对发电企业影响较大的社会环境主要有产业结构、产业用电增长趋势、地区人口密集程度、居民收入水平、文化教育水平、居民用电增长趋势等。这些因素将直接或间接影响发电企业的发展。

（6）大用户环境。由于发电企业可以直接向大用户售电，因此，需要对大用户环境进行调查，包括大用户对电力需求的具体要求，特别是对电能质量、供电可靠性、电量需求变化等方面的调查。

（7）竞争对手环境。在发电市场中，各发电企业竞价上网，竞争主要存在于不同发电企业之间。为了能更好地开展营销活动，发电企业需要了解其他竞争对手的经营环境，包括竞争对手的经营状况、生产成本、售电量、上网电量、上网报价情况等，以便更好地进行经营决策。

（二）发电市场内部环境

发电市场内部环境是指对发电企业产生影响的内部因素，主要包括发电机组性能、发电企业人员数量和素质、发电企业的资金成本压力等。

（1）发电机组性能。发电机组性能的高低直接影响发电成本，特别对火电厂，受燃料市场的影响比较大，小机组容量较小，燃料成本较高；新建大容量机组经济性能较高，燃料成本相对较低。

（2）人员数量和素质。人员的数量和素质直接影响发电企业的成本和效益。对国有投资的老电厂，其管理机构庞大，退休职工多，企业负担重，生产效率低，人员成本高；对新建电厂，人员编制少，人员素质高，相对人力成本低，生产效率高。

（3）资金成本压力。过去国家投资的电厂，不存在还本付息，基本上没有资金成本压力。20世纪80年代后期的集资、合资与独资电厂，资金来源主要是资本市场的融资及银行贷款，存在融资成本和还本付息的压力，其资金成本压力大。

二、发电市场竞争策略分析

发电市场的竞争策略指发电企业在电力市场竞争中，如何在既定的外部环境下，充分发挥自身的竞争优势，取得良好经营业绩的途径。发电市场的竞争策略由其自身行业特点决定，由于发电企业提供的上网电量是同质的，因此无法采用差异市场策略。同时由于发电企业的数目有限，发电成本受设备技术经济参数影响很大，作为公共事业受到政府严格的监管，在一定地区范围内，发电市场比较接近于寡头垄断市场，既有垄断的一面，也有竞争的一面。因此，发电市场的竞争策略有其特殊性。通常可以选择以下竞争策略。

（一）成本领先策略

成本领先策略指发电企业依靠自身优势，保持较低的成本领先地位，以相对于竞争对手较低的上网价格报价，从而充分利用空余发电容量，尽量多地占有市场份额的一种竞争策略。成本领先策略适合多数处于行业中等水平的发电企业，也适合调峰能力较差的发电企业。

发电企业采用成本领先策略的优点是能够保持发电企业稳定但比较缓慢的发展速度，经营风险小。由于火电机组的起停费用很高，发电企业只有在“竞价上网”的报价中尽量压低价格，才能获得上网机会，才能维持连续发电。同时，发电企业还可以与一些负荷稳定的大用户直接签订中长期交易合约，利用电力市场中的差价合约电量，尽量减少参与竞价上网的电量，减少发电企业的经营风险。

发电企业采用成本领先策略的缺点是由于发电企业只追求稳定发展，可能会丧失一些外部环境提供的快速发展机会，导致管理者墨守成规、因循守旧、不求变革的懒惰行为。

发电企业采用成本领先策略必须具备以下条件：

（1）成本上的优势。发电企业的成本与火力发电机组的燃料密切相关，通常燃料在火力发电机组成本中占50％～70％，因此，燃料成本直接影响发电成本的高低。所以，地理位置靠近煤矿的发电企业，或者煤炭价格低、煤质好的发电企业可以选择采用成本领先策略。

（2）技术上的优势。发电企业的成本与发电机组的技术水平和设备的使用年限密切相关，因此，新建30万kW以上的机组，煤耗低、污染小，适合采用成本领先策略。

（3）生产管理上的优势。采用成本领先的发电企业除了具有成本上的优势外，还必须具有生产管理上的优势，只有具有良好的生产管理水平，才能控制成本支出。

（4）成本控制上的优势。发电企业内部成本控制也是影响发电成本的一个重要因素，良好的成本控制可以挖掘发电企业的内部潜力。

（二）差异化策略

通常发电企业提供的产品与服务策略包括向电网提供上网电量、向电网提供辅助服务、向大用户提供电力直供服务等。其中，向电网提供上网电量是发电企业的一项基本任务，也是发电企业存在的重要原因。因此，差异化策略主要体现在能否向电网提供辅助服务以及能否向大用户提供电力直供服务。

（1）辅助服务的差异化策略。辅助服务的差异化策略主要是指向电网提供有功频率控制（AGC）、旋转备用、非旋转备用、替代备用、无功及电压支持、恢复及黑启动等辅助服务。发电企业可以根据自身情况选择向电网提供不同的辅助服务。

（2）电力直供服务的差异化策略。电力直供服务的差异化策略主要是指大用户与发电企业协商，直接签订双边购售电合同，进行电力购销交易的一种特殊行为。大用户向发电企业直接购电是为了获得电价较低的电能，而发电企业向大用户提供直接售电是为了扩大电力销售，提高发电企业的售电量。

（三）调整策略

调整策略是指对那些设备老化、能耗高、污染严重的发电企业以及按照国家规定需要被强行关停的小型火力发电企业，采取尽快放弃目前市场，进入新能源市场的一种竞争策略。

发电企业采用调整策略的优点是能够尽快利用现有资金，将其投入到新的发展领域，并尽早在新的发展领域取得领先地位，从而获得良好的收益。

根据国家优化发展火电的战略精神，国家将要加大关停火电的力度，逐步提高大机组在火电中的比重。截至2003年，全国基本关停规模效益差、浪费严重、污染环境的50MW及以下纯凝汽式小火电机组30000MW。近期预计，要将100MW及以下剩余的约15600MW凝汽式机组全部关停，同时，将200MW及以上大机组的比重在现有基础上再提高5%～10%。另一方面，国家将因地制宜地发展新能源发电战略，包括在新疆、内蒙古、东北和东南沿海等风力资源丰富的地区开发较大规模的风力发电厂，并加快国产化进程；继续做好太阳能、地热能和海洋能发电的试点工作；在西藏一些边远无电县开放光电池发电，解决供电问题；在东南沿海建设潮汐能示范电站的基础上，加大科技投入，推进商业化。

结合电力行业的宏观发展战略，对于100MW及以下小型火电机组的发电企业就应该根据上述精神，早准备、早行动，尽快进入国家支持发展的绿色环保新能源领域，坚决果断地放弃目前的电力市场。只有这样，才能将发电企业推向一个新的发展轨道。目前，我国的电力市场正处在过渡时期，这种及时调整对发电企业是一次难得的机遇，如果错失良机，等电力市场完善后再进行调整，难度将加大。

第二节　售电市场竞争策略

一、售电市场竞争环境分析

售电市场竞争环境分析可以借助战略管理学家迈科尔·波特教授的观点：一个行业的激烈竞争根源在于行业的内部结构，在一个行业里存在着五种基本竞争力量，即新进入者的威胁、行业中现有企业之间的竞争、可替代品的威胁、供应者讨价还价的能力和用户讨价还价的能力，如图 6－1 所示。这五种基本竞争力量的现状、增长趋势及其综合强度决定了行业竞争的激烈程度和行业的获利能力。

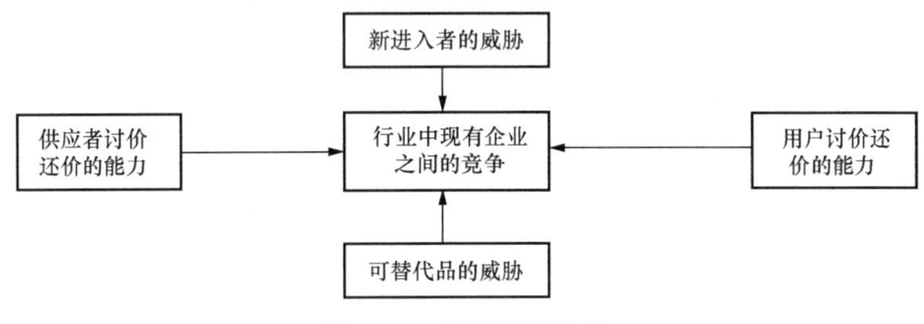

图 6－1　行业竞争结构

1. 新进入者的威胁

所谓新进入者是指一个新办的企业或者是一个采用多元化经营战略的原本从事其他行业的企业。新进入者将给行业带来新的生产能力，并要求取得一定的市场份额。依据我国“四段式”电力市场运营模式走势，对售电市场来讲，新进入者实际上是发电企业进入了对电力用户直接售电的服务，因此，对售电企业产生一定竞争。发电企业对电力用户的直接售电将对售电企业的市场进行分割，影响售电企业的售电量和经济效益。

2. 可替代品的威胁

电力产品作为一种清洁的二次能源，在能源市场上具有很强的竞争性。但在许多领域，一次能源，如煤炭、水能、原油、可燃气以及太阳能等仍可替代电力产品，对电力产品产生替代威胁。

煤炭的特点是廉价，开采、运输、使用、储存方便，而且投资少，因此，在终端能源市场上一直占有很大比重。水能资源是指蕴藏在河川和海洋水体中的位能和动能，在一定的技术和经济条件下，水能资源的一部分可以开发利用。原油具有开采、运输、使用方便的优点，在终端能源市场上也得到了一定应用。可燃气分为天然气和人工煤气，随着西气东输工程的实施，天然气在一些方面与电力展开了竞争，同时天然气的存在也为电力产品划定了价格的上限。太阳能资源是指太阳辐射能通过宇宙空间及大气层到达地球表面的总量及其分布。太阳能与电能之间的竞争主要集中在转化为热能方面。上述能源均对电力产品产生替代作用，形成威胁。

3. 现有企业之间的竞争

现有企业之间的竞争归根到底是电力用户的竞争，只有争取到用户，才能有电力市场，也才能有电量销售，企业才能有经济效益。

在配电网开放模式下，现有企业之间的竞争主要体现在两个方面：一是售电企业之间的竞争；二是售电企业与发电企业竞争大用户。

售电企业要想在竞争中取胜，可以通过两种主要途径：一是服务取胜，通过为电力用户提供优质的服务，使电力用户获得满意的电力购买；二是价格取胜，通过加强内部管理，成本控制，使售电企业的销售电价降低，取得价格优势。由于发电企业直供电的优势在于较低的电价，因此，对售电企业来讲，第一种途径更有效。

4. 供应者讨价还价的能力

配电网开放模式下，售电企业需要向电网经营企业或发电企业购电，然后再将电力销售给电力用户。由于电网经营企业和发电企业都成为具有自身利益的法人实体，希望在电力生产经营中获取最大利益。因此，作为供应者的电网经营企业或发电企业将会在电力负荷的不同时段采取不同的电价策略，从而对售电企业形成一定的威胁。

5. 电力用户讨价还价的能力

配电网开放模式下，用户具有了选择权，可以自由选择不同的供电对象：既可以选择不同售电企业供电，也可以选择不同的发电企业供电（通常指大用户）。因此，这些具有选择权的电力用户对售电企业的讨价还价能力增强。用户对售电企业的威胁主要表现为要求电价更低、电能质量更好、可靠性更高、提供更多的售后服务等。

二、售电市场竞争策略分析

根据竞争环境分析，售电市场通常采取的市场竞争策略为成本领先策略和差异化策略。

（一）成本领先策略

成本领先策略是指售电企业依靠自身优势，保持较低的成本领先地位，进而采取低于其他竞争对手的电价将电力销售给广大电力用户，以获得较大市场份额的一种市场竞争策略。

配电网开放模式下，售电企业不仅获得了供电对象选择权，同时获得了售电对象选择权。因此，低成本策略可以有效地吸引具有选择权的用户购电。同时，低成本策略还可以有效地抵御替代品的竞争，当石油、天然气、煤炭等能源对电力产品产生冲击时，低电价将会对价格敏感的消费者产生影响，从而提高售电企业的竞争力。

可见，售电企业采用成本领先策略的优点是：使售电企业获得稳定的发展速度，减少经营风险，提高市场竞争力。售电企业采用成本领先策略的缺点是：由于售电企业只追求稳定发展，可能会丧失一些外部环境提供的快速发展机会，导致管理者墨守成规、因循守旧、不求变革的懒惰行为。

售电企业采用成本领先策略需要具备以下条件：

（1）成本上的优势。售电企业发生的成本主要来自购电费和售电企业在销售电力时发生的成本费用，其中购电费对不同的售电企业来讲基本相同，因此，售电企业在成本上的优势主要可以通过加强内部管理，降低销售电力产品时发生的成本费用获得。可见，内部管理好、成本费用低的售电企业适宜采用成本领先策略。

（2）管理上的优势。售电企业的内部管理也将对成本产生影响，有效的内部管理将减少成本支出，降低电力销售成本。实际上这一点与成本上的优势是一致的。

（3）成本控制上的优势。成本控制对任何一个企业都非常重要，对售电企业来讲，采取成本领先策略必须要有成本控制上的优势。成本控制上的优势同管理上的优势一样，反映的是一个企业的自身水平，对售电企业的成本产生直接的影响。

(二) 差异化策略

差异化策略是指售电企业在向电力用户提供电力产品和服务时独具特色。具体的表现形式可以是价格差异化、服务差异化和形象差异化等。

采用差异化策略的优点是：能够满足电力用户对电力产品的特定需要，建立品牌忠诚；可以使售电企业占据主动地位，降低电力用户对电价的敏感度，获得更高的售价，增加售电企业的利润。采用差异化策略的缺点是：增加了售电企业的成本支出，因为差异化策略需要做大量工作，涉及许多费用支出；而电力用户尚无选择供电对象的权利，因此将降低差异化对电力销售的影响。

在制定差异化策略时，要避免无意义的差异化，售电企业在某些方面具有独特性，独特的东西不一定就是差异化，用户认可才最重要。同时还要防止过分差异化，超出用户需要，使得成本增加过多。通常售电企业的差异化战略可以体现在以下几个方面。

(1) 价格差异化。同样的商品对不同的顾客采用不同的价格是市场营销中常用的一种价格策略，也是企业常用的一种竞争策略。售电企业可以针对不同的用户，区分不同用户的需求层次，灵活使用电价策略。如采用两部制电价策略、峰谷分时电价策略、丰枯季节电价策略、功率因素调整电价策略和可靠性电价策略等。

(2) 服务差异化。由于售电企业向用户提供的电力产品是单一的，因此，无法形成产品差异化策略。但作为一个服务性行业，可以形成服务差异化策略。售电企业提供的服务分为售前服务、售中服务和售后服务，其中售前服务是指为电力用户提供用电咨询等；售中服务是指为电力用户提供业扩业务的受理、上门安装、技术指导等；售后服务是指为用户提供相关培训、上门维修、带电检修等。在服务上形成一定的差别可以使电力用户对售电企业产生好感，进而促进电力销售。

(3) 形象差异化。售电企业可以采用CI战略设计并展现与其他企业不同的特征与形象，以提高售电企业在市场上的竞争地位。CI战略起源于西方，20世纪80年代引入中国，目前受到很多国内企业的重视。CI战略由三部分组成，分别是理念识别、行为识别和视觉识别。其中，理念识别是对一个企业经营理念的定位，从而使企业在经营理念上区别于其他同类企业。行为识别是对一个企业行为活动的定位，从而使企业行为特征鲜明。其主要表现为企业发展战略、经营目标、管理风格、营销策略、促销手段等。视觉识别是企业为了便于社会交流，对一些要素进行设计和定位。通常分为基本设计要素与应用设计要素两部分，基本设计要素表现为企业标志、标准字、标准色等；应用设计要素是指基本设计要素的具体应用，表现为信纸、信封、名片等。通过CI战略，可以使售电企业从经营理念、发展战略、经营目标、企业标志等各方面形象产生差别化，提高售电企业在市场上的竞争力。

小 结

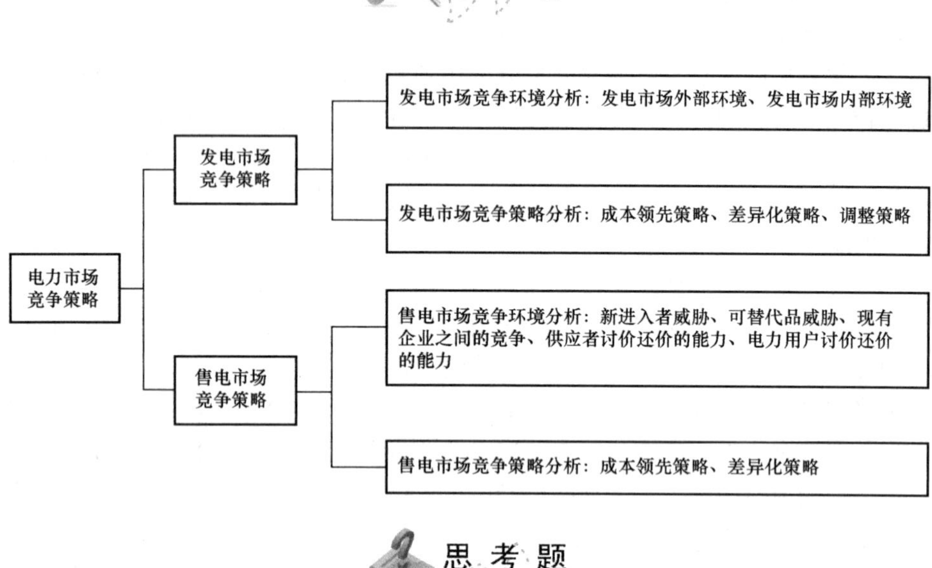

思 考 题

1. 发电市场受哪些外部环境的影响？
2. 发电市场受哪些内部环境的影响？
3. 简述发电市场成本领先策略及其优缺点。
4. 简述发电市场的差异化策略。
5. 什么是发电市场的调整策略？
6. 分析售电市场的竞争环境。
7. 简述售电市场的成本领先策略及其优缺点。
8. 简述售电市场的差异化策略及其优缺点。

第七章　电力产品与服务策略

学习目标

（1）掌握电力产品的概念。

（2）了解电能质量标准。

（3）掌握发电市场产品与服务策略。

（4）掌握售电市场产品与服务策略。

第一节　电力产品与电能质量标准

一、电力产品的概念

企业的经营活动应以满足消费者或用户的需要为中心，而消费者或用户需要的满足是通过企业生产的某种产品实现的。因此，产品在市场营销中是一个非常重要的概念。必须正确理解产品的概念，作为制定产品策略的基础。

通常人们将产品理解为实物形态的物质产品，这种理解是狭义的。在市场营销中，对产品的理解是广义的，它是指向市场提供的、能满足人们某种需要的一切物品和劳务。

广义的产品概念是现代市场营销思想的重大发展，对企业的经营活动具有重要的指导意义。因此，电力产品从广义上讲包括电力产品的核心、电力产品的形式和电力产品的附加利益三个层次。

（一）电力产品的核心

产品的核心或实质是消费者或用户的利益与服务所在，是顾客真正要购买的东西。电力产品的核心或实质是指电力产品能为消费者或用户提供清洁的二次能源。购买电力产品，一般指电能，是因为电能可以照明；能使家用电器正常运转；能使机器设备正常运转；能使农业灌溉正常进行等，从而保证人们的日常生活和社会生产以及国民经济正常运转。

因此，必须首先保证电能的质量要满足消费者和用户的需要。一般衡量电能质量的指标是电压、频率和供电可靠性。电力企业就是要为用户提供经济、合理、安全、可靠的电能。

（二）电力产品的形式

产品的形式包括产品的品种、花色、款式、规格、装潢、包装、商标、品牌与信誉等。电力产品为了适应不同的用途也有不同的规格，照明用电是220V，动力用电是380V，同时为了长距离输送电力，又形成了不同的电压等级：6、11、35、66、110、220、500kV等；电能还有交流和直流之分。

随着电力市场的逐渐完善，电力企业为增强市场竞争力，也会不断注重自身的品牌和信誉，因为企业的品牌和信誉是企业立足市场并在市场竞争中取胜的保证。

（三）电力产品的附加利益

产品的附加利益是指产品的全部附加服务和利益，即消费者或用户所需求产品的延伸部分与更广泛的服务质量。电力产品的附加利益非常广泛，电力企业应保证用户能经济、安全地使用电力产品。如电能使用的咨询与培训；线路、变压器及有关设备的检修；电能如何安全输送到千家万户、各行各业；如何保证用户安全用电和节约用电等。

二、电能质量标准

电能质量与一般产品的质量不同，有如下特点：

（1）电能质量不完全取决于电力生产部门本身，有的质量指标，如谐波、电压波动和闪变、三相电压不平衡度等往往由用户的干扰所引起。

（2）在不同的供用电点和供用电时刻，电能质量往往不同，处于动态变化中。

（3）电能质量和用电设备的性能密切相关，制定电能质量标准应将电力系统的实际情况和电气设备已有标准合理结合。

电能质量标准接近额定值就是电能高质量的标志。电能质量标准的制定任务，就是从当前或近期发展的技术水平出发，确定适当的电能质量指标偏差的允许值。目前国家已颁布的电能质量系列标准有五个：

（1）GB 12325—2003《电能质量　供电电压允许偏差》。

（2）GB/T 12326—2008《电能质量　电压允许波动和闪变》。

（3）GB/T 14549—1993《电能质量　公用电网谐波》。

（4）GB/T 15543—2008《电能质量　三相电压允许不平衡》。

（5）GB/T 15945—1995《电能质量　电力系统频率允许偏差》。

上述五个标准都是在总结现有经验，广泛研究国内外相关标准，结合国内电网情况，经过认真分析，反复征求各部门意见后推出的，经“全国电压电流等级和频率标准化技术委员会”审查通过的。下面将有关指标说明如下。

（一）供电电压

衡量供电电压质量的指标有电压偏差、电压变化摆幅、电压摇摆剂量。

1. 电压偏差

供电的额定电压是指供电过程中预定的正常工作电压的标准值。由于实际供电过程中，会因各种原因导致偏差，因此对电压允许有一定的偏差。偏差计算公式为

$$\Delta U=\frac{U-U_e}{U_e}\times 100\% \tag{7-1}$$

式中　ΔU——电压偏差；

U——供电电压；

U_e——额定电压。

我国供电条例规定，在下列规定电压偏差内供电电压仍属于合格供电。

（1）35kV 以上供电和对电压质量有特殊要求的用户，其受电端的电压变动幅度为额定电压的±5%。

（2）10kV 及以下高压供电和低压电力用户，受电端的电压变动幅度为额定电压的±7%。

（3）低压照明用户电压变动幅度为额定电压的 5%或−10%。

（4）在电力网系统出现故障的情况下，用户受电端电压的最大允许偏差值不得超过额定电压的 10%。

2. 电压变化摆幅

电压变化摆幅的计算公式为

$$\sigma U = \frac{|U_i - U_{i+1}|}{\sqrt{2}U_e} \times 100\% \quad (7-2)$$

式中　σU——电压变化摆幅；

U_e——额定电压；

U_i、U_{i+1}——电压幅值包络线相邻两极值点的电压。

当每分钟内出现的摆动次数越多时，电压变化允许摆幅越小。当摆动次数在每分钟 1 次及以内时，对一般的室内照明白炽灯，其允许摆幅为 4%。

3. 电压摇摆剂量

周期性或近似于周期性的电压摇摆对人体生理危害的剂量可按下式定义

$$\psi = \frac{1}{\theta}\int_{t-\theta}^{t}\sum_{f=1}^{n}(g_f \delta U_f)^2 \mathrm{d}t \quad (7-3)$$

式中　ψ——电压摇摆剂量；

δU_f——电压变化曲线摇摆频率的傅里叶分量有效值；

g_f——电压变化有效值摆幅的等效折算系数，其与摇摆频率的关系见表 7-1；

θ——所取时间区间长度的平均值，一般为 10min；

n——摇摆的最高频率。

表 7-1　电压摇摆剂量等效折算系数 g_f

电压摇摆频率 f/（1/min）	折算系数 g_f	电压摇摆频率 f/（1/min）	折算系数 g_f
1.0	0.107	9.0	0.215
2.0	0.132	10	0.223
3.0	0.153	20	0.264
4.0	0.161	30	0.299
5.0	0.171	40	0.322
6.0	0.181	50	0.341
7.0	0.193	60	0.363
8.0	0.207	70	0.377

对于一般室内照明白炽灯，电压摇摆对人体生理危害的剂量标准为 0.034。

（二）供电频率

我国额定交流供电频率是 50Hz。频率偏移的定义为

$$\Delta f = f - f_e \quad (7-4)$$

式中　Δf——频率偏移；

f——供电频率；

f_e——额定频率。

根据电网装机容量，其供电频率的正常允许偏差值为：

（1）电网装机容量在 3000MW 以上时，频率偏移为±0.2Hz。

（2）电网装机容量在 3000MW 以下时，频率偏移为±0.5Hz。

（三）电压谐波

凡各类工矿企业和运输部门等非线性负荷，如电气化铁道、电弧炉、电焊机、轧钢机等用电设备，引起电网电压及电流的畸变，统称为谐波源。检查供电电压的谐波指标如下。

1. 电压波形的非正弦系数

电压波形的非正弦系数 K_{ω} 定义如下

$$K_{\omega}=\sqrt{\sum_{n=2}^{N}U_{(n)}^{2}/U_{e}^{2}}\times 100\% \tag{7-5}$$

式中 K_{ω}——电压波形的非正弦系数；

$U_{(n)}$——n 次谐波电压有效值；

U_{e}——额定电压；

n——电压谐波次数；

N——所含谐波最高次数。

电压波形非正弦系数的允许值见表 7-2。

表 7-2　电压波形非正弦系数的允许值

电压等级	1kV 及以下	6～20kV	35kV	110kV
正常状态	5	4	3	2
最大允许值	10	8	6	4

2. 谐波分量系数

谐波分量系数 K_{N} 的定义为

$$K_{N}=U_{(n)}/U_{e}\times 100\% \tag{7-6}$$

式中 K_{N}——谐波分量系数；

$U_{(n)}$——n 次谐波电压有效值；

U_{e}——额定电压。

（四）负序电压系数

电网中的不平衡度常以负序电压系数 K_{2} 来衡量，负序电压系数 K_{2} 定义如下

$$K_{2}=U_{2}/U_{e}\times 100\% \tag{7-7}$$

式中 K_{2}——负序电压系数；

U_{e}——额定电压；

U_{2}——负序电压有效值。

低压电网的负序分量系数的正常允许值为 2%，最大限值为 4%；中压电网负序分量系数的正常允许值为 1.5%；高压电网负序分量系数的正常允许值为 1%。

（五）零序电压系数

零序电压系数 K_{0} 的定义为

$$K_{0}=\sqrt{3}U_{0}/U_{e}\times 100\% \tag{7-8}$$

式中 K_{0}——零序电压系数；

U_{e}——额定电压；

U_0——三相系统的零序电压分量有效值。

当电压波形非正弦系数不超过5%时，可按下式计算

$$K_0=\sqrt{3}U_0/U_1\times100\% \tag{7-9}$$

式中　U_1——基波线电压有效值。

零序分量系数正常允许值为2%，最大限值为4%。

第二节　发电市场产品与服务策略

发电市场的产品与服务策略主要包括向电网提供上网电量、向电网提供辅助服务以及向大用户提供电力直供服务。

一、向电网提供上网电量

发电企业作为一个独立的经济实体，首要任务是将所发电量销售给电网经营企业，即向电网提供上网电量。

电力体制改革之前，厂网不分，电网通常按照年度计划实施发电调度。厂网分开后，政府为“公平、公正、公开”地对各类发电主体分配发电计划的具体做法是：政府根据机组的类型对各类机组下达计划，确定机组年度发电利用小时数，通常同类型机组的年度利用小时数大致相同，然后根据用电负荷的实际需要，保证同类型机组完成的比例大致相当。这种做法实际上是先由政府确定每个机组的“基数”，然后根据实际需求平均分配发电计划，因此存在着明显的“平均主义”，无法优先安排高效率的机组发电，也无法限制能耗高、污染大的机组发电。

随着“厂网分开”的深入发展，竞价上网已经势在必行。电网经营企业将根据全网购电成本最低的原则，对各发电企业在各时段的报价进行排序，按照报价高低确定发电企业的发电计划。具体发电企业向电网提供上网电量的形式有以下四种：

(1) 期货与期权交易。电力期货和期权交易都是在电力现货交易之外衍生的纯粹金融交易。建立电力期货市场和期权市场是为了利用这些金融市场手段稳定市场价格，为市场参与者规避风险。

(2) 中长期合约交易。中长期合约交易是根据预先签订的合同所商定的付款方式买卖电量，在一定时期内进行实物交割的交易。它可以通过竞价产生，也可以双边签订。

(3) 现货交易。现货交易也称日前交易，是在每个交易日的前一天进行的交易。

(4) 实时交易。由于受天气、电网故障等偶然因素的影响，现货交易市场制定的发电计划给出的电网出力水平与实际执行该计划时的负荷水平必然存在一定的偏差，实时交易是对现货交易的一种补充。

二、向电网提供辅助服务

随着电力市场改革的深入，电力系统的运行条件越来越复杂，大大增加了潮流分布、动态行为和稳定性的不可预知性，而越来越突出的安全稳定问题也将显著地影响输电服务价格，制约互联电网和电力市场的发展。电力市场条件下，系统的安全性因素不但没有削弱，反而变得更加复杂和重要。辅助服务市场就是为了确保系统的安全性和可靠性而建立起来的。

辅助服务市场可以实现各种辅助服务的交易决策、管理和定价，使系统在购买辅助服务

费用最低的情况下获得各种辅助服务，保证电力系统的安全稳定运行。

辅助服务是相对电力生产、输送和交易的主市场而言的。一般来讲，辅助服务是指为了保障电力系统安全，促进电力交易和保证电力供应，由发电商提供的除正常电力生产之外的额外服务。不同电力工业结构所需的辅助服务不尽相同，这是由于辅助服务的供应是由电力系统需求决定的。系统的协调方式、电力生产结构、电网结构、管理模式等的不同都会使系统所需的辅助服务不同。

辅助服务通常包括：①有功频率控制（AGC）；②旋转备用；③非旋转备用；④替代备用；⑤无功及电压支持；⑥恢复及黑启动。在电力市场条件下，电网不能再无偿地要求发电企业或用户提供辅助服务。建立电力辅助服务市场就是为了在市场条件下实现各种辅助服务的交易决策、管理和定价。辅助服务市场通常是在日前交易市场之后，实时交易市场之前进行的交易。

1. 有功功率控制

有功功率控制（Automatic Generation Control，AGC），简称自动发电控制，是一种成熟的综合控制技术。

在电力系统中，产、供、销的瞬时性决定了电力的供给和需求必须随时保持一致，但是由于电力负荷预测的不准确性，经常出现电网的供给能力不能满足系统负荷的要求，这样在电力供给和电力需求之间将产生偏差。如果这种偏差长期存在，就会影响系统的发电质量和电力系统的稳定。这时将通过系统调度开启一定数量的负荷调节机组参与发电来满足系统负荷需要，消除系统中存在的电力供应和电力需求之间的矛盾。

所谓有功功率控制是指由负荷调节机组、计算机系统和反馈系统组成的闭环控制系统，通过改变发电企业的发电量来满足电力系统实际负荷需要的过程。

有功功率控制的作用是实时补充由于各种主观和客观原因造成的电力供给和电力需求之间的差额，以维持系统频率或联络线功率为给定值。随着我国电力系统自动化水平的不断提高，有功功率控制在电力系统中的比重不断提高，成为电力系统稳定运行的重要组成部分。

2. 备用容量

电力系统产、供、销的瞬时性决定了在电力系统中，所有发电机组的有功出力之和在任何时候都应与当时负荷的有功需求及各种有功损耗的总和相平衡。由于不可能准确地预测每时每刻变化着的电力负荷，而且电量不能大量存储，因此，需要在运转的机组容量中有一定比例的备用容量，用于调整大机组跳闸、供电区域以外的供电中断以及负荷预测的偏差等。

所谓备用容量是指系统发电容量大于电网负荷容量的部分。备用容量的分类很多，通常分为旋转备用、非旋转备用和替代备用。

（1）旋转备用。旋转备用是指在线的或旋转的发电机组，未带负荷的发电容量。旋转备用主要用于处理由于发电与输电系统故障使负荷与发电出力发生较大偏差，恢复负荷，保持系统稳定。

（2）非旋转备用。非旋转备用是指离线的但可以随时调度使用的发电机组容量。非旋转备用主要用于恢复可靠性备用水平。

（3）替代备用。替代备用是指非同步运行的发电机组容量。当有功功率控制、旋转备用、非旋转备用都被调度提供能量时，替代备用提供额外的容量备用，以满足系统稳定和备用需要。

3. 无功及电压支持

无功功率是在电能传输和转换过程中建立电力磁场和提供电网稳定的不可缺少的功率之一。无功功率经不同的电磁耦合反映不同的电压等级，同一电压等级的电网中电压的高低直接反映本地无功功率的平衡，而电压是电能质量的重要指标之一。电压质量对电网的安全和经济运行，对保证用户安全生产和产品质量以及电气设备的安全与寿命有着重要影响。

电力系统的无功功率在每一时刻必须保持平衡，要想维持负荷的电压水平就必须供给相应于该电压水平的无功功率。从根本上讲，要维持整个系统的电压水平，就必须有足够的无功电源来满足系统负荷对无功功率的需求和补偿无功功率的损耗。如果系统无功电源不足则会使电网处于低水平电压上的无功功率平衡，即靠电压降低、负荷吸收无功功率的减少来弥补无功电源的不足。同样，如果由于电网缺乏调节手段使某段时间无功功率过剩也会造成整个电网的运行电压过高。

所谓无功及电压支持是指发电机组通过提供无功调整能力来满足系统对无功功率的需求，或是在事故后提供无功支持防止系统电压崩溃。

在传统垂直垄断的电力系统中，发电、输电、配电都由系统统一管理，所有成本统一核算。辅助服务的费用与电能费用没有区分开来，不存在单独核算各种辅助服务成本和单独计费的问题。而在电力市场环境下，发电、输电分离，独立核算，电网调度不能强制命令发电企业无偿提供诸如自动发电控制（AGC）、备用容量、无功及电压支持等辅助服务。各发电企业均要实现利润最大化，发电机提供电能或是辅助服务就与其价格密切相关。因此，必须对无功功率进行正确管理与定价，使电网无功供电成本得到合理分摊，为系统提供充足的无功备用，为传输有功和维持电压提供支持。

为了实现电网的电压控制和调整，除发电机通过无功出力调整无功外，还必须通过安装一定数量的静止补偿器、调相机、电容器及电抗器等无功补偿设备，以及调节变压器变比等手段，满足电网电压调整的要求，防止电压崩溃事故和稳定破坏事故。

4. 恢复及黑启动

随着社会经济的发展，国民经济和人民生活对电力的依赖性越来越大，任何重大的电网事故无疑是社会的灾难。因此，人们开始逐渐重视电力系统的自我恢复能力，即黑启动。所谓恢复及黑启动是指整个电力系统因大事故全部或部分停运以后，不依赖其他电网帮助，通过系统中具有自启动能力的机组启动，带动无自启动能力的机组，逐步扩大系统恢复范围，最终实现整个系统的恢复。

通常所有电厂都需要电能启动，正常情况下，这样的电能来自于输电或配电系统，但在紧急情况下，黑启动电厂从小型辅助机组获得电能，小型机组的大小由主要发电机组的大小决定，一般为3～15MW，主要由电池或其他形式的能量存储设备的储能提供电能。黑启动一旦开始运行，大型机组能够给部分当地负荷供电，并向本地的其他电厂提供启动电能，通过这些容量能够重新恢复电力系统的正常运行。

三、向大用户提供电力直供服务

（一）提供电力直供服务的必要性

随着电力体制改革的深入，向大用户提供电力直供服务逐渐被提到议事日程，向大用户提供直供服务的必要性可以从以下三个角度说明。

从用户角度讲，一方面由于大用户的市场意识增加，要求获得广泛的买电权力。目前，电网对大用户的电价还存在着严重的交叉补贴，大用户目录电价不能真实反映供电成本，大用户希望通过直购电获得有效的买电权力，消除强加在自己身上的交叉补贴，从而得到一定的降价空间，减少生产成本，增强企业的市场竞争力；另一方面，自备电厂面临关停危险，大用户要求通过直接购电模式替代原来的自供电。我国由于历史的原因存在许多通过自建电厂来节约生产成本的大用户企业，这些自备电厂普遍存在着发电机组容量小、能源利用效率低、环境污染严重的情况。随着国家环境保护工作力度的加大，企业自备电厂都面临被关停的危险，在日益严格的环保政策下，企业想通过建设自备电厂节约成本已经不再经济或许可，因此，大用户要求通过直购电模式来替代原来的自供电模式。

从发电企业角度讲，随着电力工业的发展，中国电力供求状况不断变化，发电企业作为电力市场的主体之一，希望具有一定的电价调节能力，可以根据电力市场供求关系调整相应的电价水平，从而提高发电企业机组的利用小时数，向大用户提供直供电为发电企业的这种需求提供了可能。

从输电环节讲，随着电力体制改革的深入，厂网分开，发电企业已经引入竞争，迫切需要在输电环节也引入竞争机制，向大用户直供电为这种竞争机制的引入提供了可能。同时，区域性的输电网络建设的大规模开展，为大用户直接购电提供了政策支持和技术平台。

（二）电力直供服务的模式

所谓电力直供服务是指大用户与发电企业协商，直接签订双边购售电合同，进行电力购销交易的一种特殊行为。

根据直购运营方式的不同，大用户进行电力直购电有以下两种模式：

1. 不经过电网转供的架专线直购模式

这种模式是指大用户或发电企业自建专用输电线路，发电企业只通过专用输电线路向大用户输送双方签订的合同电力，而不再通过电网转供。由于双方电力交易不经过电网管理，其专用输电线路的维修服务和供电辅助服务由双方协商解决，发电企业或大用户也不必向电网经营企业交纳输电服务费。

2. 经过电网转供的直购模式

这种模式是指大用户与发电企业签订购电合同，并通过电网经营企业的输电网络进行输送，电网经营企业要向大用户或发电企业收取输电服务费。

（三）国外电力直供服务简况

1. 英国电力市场中的大用户直购电

从 1987 年起，英国开始对其电力工业进行大规模体制改造。英国根据国有企业私有化的政策，电力工业于 1990 年也迈开了私有化的步伐，将原中央发电局改组成了 4 个独立的电力公司，即发电公司、国家电力公司、原子能电力公司和国家电网公司。这次变革后虽然输电、售电企业仍保留由地区运营的独占性，但输电、配电网的使用上则推行公用化政策，发电企业可向电力市场趸售电力，也可通过输电网直接向用户售电，但需要向电网交付一定的电网使用费。改革后的英国电网对大用户开放了市场，大用户可以自由选择供电方，如可以从地区电力公司、电力联合运营中心（Pool，又称为电力库）和发电厂中任选供电方。除地区电力公司外，还允许持许可证的单位，从电力联合运营中心购电并向大用户供电，但必须交付过网费。大用户界定值根据不同时期取值不同，如，1990 年放开 1000kW 以上用户（5 万户），1994 年放开 100kW 以上用户（20 万户），1998 年允许所有用户（2200 万户）自由选择供电方。

2. 美国电力市场中的大用户直购电

美国对大用户直购电市场的放开基本上是逐步进行的。以加利福尼亚州为例，加利福尼亚州自 1998 年 1 月 1 日开始，容量在 8MW 以上的用户可以直接进入电网（不需经配电公司配电），并允许直接和发电公司谈判和签订供电合同，也可以找中间商代理。至 1998 年 4 月 1 日，允许所有用户直接进入电网，各种电力用户均可以直接向发电公司购电，可以选择经配电公司从电力提供商获取电能。同时，美国的独立发电厂有权选择供电对象，电网也可以提供转运业务，使得发电厂可以向不相邻的第三方供电。上述贸易都以合同形式实现。

3. 澳大利亚电力市场中的大用户直购电

澳大利亚建立电力市场的原则是在发电和电力供应中引入竞争机制，要求开放国家电网，允许发电商和电力用户在电力系统中进行直接交易，从而增加市场成员的选择范围。澳大利亚电力市场中，终端大用户也可以通过合约形式从电力市场的发电商中直接购电，而不通过配电商，也可以选择配电商间接购电。市场规则规定，超过 30MW 的发电厂必须进入批发市场。

（四）我国的电力直供服务现状

根据电力体制改革的精神，国家电力监管委员会、国家发展和改革委员会于 2004 年 3 月制定了《电力用户向发电企业直接购电试点暂行办法》。该办法规定：在具备条件的地区，开展较高电压等级或较大用电量的电力用户（简称大用户）向发电企业直接购电的试点。

开展大用户向发电企业直接购电试点的指导思想是：从我国电力工业实际出发，借鉴国外有益经验，遵循电力工业发展规律，保障电网安全稳定运行，以公平开放电网为基础，以确定合理的输配电价为核心，以供需直接见面为主要特征，积极培育市场主体，促进科学合理电价机制的形成，逐步构建政府监管下的政企分开、公平竞争、开放有序、健康发展的电力市场体系。

开展大用户向发电企业直接购电试点工作的目的是：优化电力资源配置，提高资源利用效率，促进电力发展；在发电和售电侧引入竞争机制，促进企业降低成本，提高效率，提高国民经济整体竞争力；探索输配电分开、电网公平开放的有效途径和办法，改变电网企业独家购买电力的格局，促进竞价上网，进一步打破垄断，加快建立竞争、开放的电力市场；探索建立合理的输配电价形成机制，促进电价改革，促进电网的可持续发展。

试点工作应当遵循的原则是：统一部署，稳妥推进，有计划、有步骤地搞好试点，防止一哄而上；规范起步，规则先行，切实保障大用户、发电企业和电网经营企业的合法权益，防止盲目无序；立足多赢，创造多赢，充分发挥大用户、发电企业和电网经营企业的作用；试点先行，循序渐进，维持电网电力电量供应平衡，保持电价总体水平稳定；积极试点，稳步推进，维护国家整体利益，推进相关配套改革，为试点工作创造必要的外部条件；维护电力调度秩序，保障电网安全稳定运行。参加试点的发电企业和大用户，按电力统一调度的要求，在电网紧急情况下，参与调峰和错峰、避峰用电。

参加试点的单位原则上应处于电力供需相对宽松的地区，且具备以下条件：参加试点的大用户、发电企业（含内部核算电厂）、电网经营企业，应当是具有法人资格、财务独立核算、能够独立承担民事责任的经济实体；符合国家产业政策、用电负荷相对稳定、单位产值能耗低、污染排放小的大用户，可申请参加试点；符合国家产业政策、并网运行的发电企业，原则上，装机容量60万kW及以上且单机容量30万kW及以上的火力发电企业（含核电），装机容量20万kW及以上或单机容量10万kW及以上的水力发电企业，可申请参加试点。

大用户向发电企业直接购电，一般通过现有公用电网线路实现。确需新建、扩建或改建线路的，应符合电网发展规划，由电网经营企业按投资管理权限报批、建设和运营。大用户已有自备电力线路并符合国家有关规定的，经省政府有关部门组织电网经营企业进行安全校验，并委托电网经营企业调度、运行，可用于输送直购电力。

大用户向发电企业直接购电的价格、结算办法，由购售双方协商确定，并在相关合同中明确。输配电价由政府价格主管部门按“合理成本、合理盈利、依法计税、公平负担”的原则制定。近期暂按交易所在电网对应电压等级的大工业用电价格扣除平均购电价格的原则测算，报国务院价格主管部门批准后执行。国家出台新的输配电价政策后，按新的政策执行。

参加试点的大用户、发电企业和电网经营企业应参考《电量直接购售合同（范本）》和《委托输电服务合同（范本）》，签订相关合同（协议），并严格执行。电量直接购售合同（协议）的主要内容应包括负荷、电量、供电方式、生产计划安排、计量、结算、电价、调度管理、违约责任、赔偿以及争议的解决方式等。

2005年初，国家将吉林炭素有限责任公司向吉林龙华热电股份有限公司直接购电试点工作正式列入国家试点，双方签署了《电量直接购销合同》，自2005年3月1日至2005年12月31日期间，吉林炭素有限责任公司从吉林龙华热电股份有限公司购入总量约为4亿kW·h电量，供电价格为0.253元/（kW·h）。根据目前的电价水平，经过初步测算，由于电力直购的实施，2005年吉林炭素有限责任公司可降低生产成本达2000万元人民币左右。

第三节　售电市场产品与服务策略

新的售电市场的试点可能主要有三种模式：一是将报装受理、供电方案制定、工程施工作业、验收接电、签订供售协议、抄核收、事故报修等业务从供电公司分离出来，成立机构，或独立或留在供电公司独立核算；二是只将售电业务的抄核收业务及报修业务分离；三是允许社会资本设立电力分销机构。按此改革趋势，电力销售的产品与服务策略主要包括日常营业工作、电能计量和电费管理三大项内容。

一、日常营业工作

日常营业工作是指售电企业对于已经接电立户的照明或动力用户在用电过程中变更用电业务事项的服务和管理工作。日常营业工作项目多，内容广，服务性、政策性强，关系着售电企业的形象，直接影响售电企业的经济效益。因此，电力营销工作人员一定要重视这项工作，规范、真诚地为用户服务。通常日常营业工作可以分为管理类和服务类两类工作。

（一）管理类

用户在正常用电中，不可能一成不变，用户用电变动时，应随时变更手续，除增装、增容已经在业务扩充中提及以外，大致还有以下几项管理类的日常营业工作：

（1）用电权变更。用电权变更包括用户改变，用户名称变更，过户、并户、分户和销户等。

（2）用电类别变更。用电类别变更是指用电性质或行业用途变化。如工业用电改为非工业用电，动力用电改为照明用电等。

（3）用电容量变更。用电容量变更包括减容量、暂时减容、暂停用电、暂换变压器、复用等。

（4）计量变更。计量变更包括移表、验表、故障换表、拆表复装、进户线移动、变（配）电室迁移等。

（5）违章稽查工作。包括查处违约用电、窃电等。由于供电计量表绝大部分设在用户所在处，因此必须做好违章稽查工作。一般违章用电包括：越表用电；在低价线路上接高价用电，少交电费；私自增加容量，单一电价制的少交贴费，两部电价制的少交贴费和基本电费；私自复用暂停或减容的设备，少交基本电费；移动计量表计结线使计量表计不准，少交电费；私接备用电源或私接电源；私自转供或转让电能，使电力企业减少应收的收入等。在处理违章用电时，应坚持违章必究，窃电必罚，调查认真、处理严肃的原则，但态度要和蔼，处理要遵章。

（二）服务类

属于服务类性质的日常营业工作主要有解答用户询问、排除用电纠纷、宣传节约用电和安全用电等。如，有关低压照明用户的电度表的读表方法、用电量的计算方法、电费的分摊方法、节约用电的方法、安全用电的注意事项等都可以精心编制一些必要的卡、单等供用户索取。

二、电能计量

通过电能计量装置对电力用户使用的电能进行计量的工作称为电能计量。电能计量是售电企业的一项重要基础工作，没有准确的电能计量就没有科学、合理的电量数据，不仅无法准确地衡量售电企业的经济效益和质量水平，而且影响售电企业的社会形象，必须认真做好电能计量工作。电能计量工作的主要内容有：

（1）贯彻执行计量工作的法规和制度。电能计量工作首先要认真贯彻执行国家和电力行业制定的有关计量工作的方针、政策、法规和制度。并在此基础上完善本企业电能计量工作的制度和规范，使计量工作能依法进行。

（2）做好电能计量规划工作。电能计量工作是一项重要的基础工作，必须有相应的工作规划。售电企业要制定并实施所辖区域电网的电能计量规划，电能计量标准，电能计量装置的配置、更新与发展规划，建立电能计量保证体系。

（3）确定电能计量点和电能计量方式。选择合适的电能计量点和计量方式非常重要，计量点和计量方式选择不当会造成计量工作的不准确。

（4）电能计量装置的选择、运行、维护和监测。电能计量装置是售电企业销售电能的衡量准则，其质量好坏不仅影响售电企业的销售收入，而且影响售电企业的公众形象，必须给予高度重视。首先要根据要求对电能计量装置进行选型、试验、购置、验收和安装，并应用计算机建立电能计量装置资产账册，实行科学管理，同时要对投入运行的电能计量装置进行监督和日常维修，以及现场检验和抽样检定，并处理电能计量故障、差错等。

（5）建立电能计量标准。制定电能计量标准建设规划，不断改善电能计量器具检定的工作条件，完善电能计量值传递系统。

（6）电能计量的相关工作。包括开展计量技术及业务培训和经验交流，推广应用电能计量新技术和新产品等。

三、电费管理

电费管理是指售电企业按照国家批准的电价，依据用户实际用电情况和电能计量装置的记录计算电费，并及时、准确地回收电费的活动。

售电企业将电力销售给各类电力用户，并按照等价交换原则，从用户处收回电费，这是售电企业生产全过程的最后环节，也是售电企业生产经营效果的最终体现。担任电力产品销售工作的售电企业，不仅应有计划地组织销售电力产品，即电能，同时要及时回收电力产品销售收入，即电费。这对售电企业自身发展以及整个国民经济的发展具有重要作用。具体体现在以下几个方面：

（1）电费管理工作直接关系到售电企业的经营收入。电费是售电企业销售电力产品的收入，电费管理关系到售电企业能否足额地收回电费，直接影响售电企业的经营收入。

（2）电费管理工作将影响国家财政收入。电费管理不仅影响售电企业的销售收入，而且影响售电企业能否及时足额上缴利税，从而影响国家财政收入。

（3）电费管理工作还影响售电企业的自身发展和职工物质文化生活水平的提高。电费管理将影响售电企业取得扩大再生产的资金积累，进而影响电力职工的收入和生活水平的提高。

电费管理的任务包括建卡立户、定期抄表、电费核算、电费回收、账务处理、电费统计以及电力销售状况分析等。

（一）建卡立户

电力用户在办妥业务报装手续、装表接电后，售电企业应及时搜集、清点、整理各项资料，建立用户档案和用户抄表卡片，即建卡立户。否则有可能造成漏户，长期漏收电费。建卡立户就是电力销售部门承认用电单位，从装表接电开始成为正式（或临时）用电用户。

（二）定期抄表

售电企业通过安装在使用处的计量电度表记录电力用户用电量。抄表工作十分重要，它是售电企业生产经营活动最终体现经济效益的重要环节之一。因此担任抄表工作的人员，必须熟悉《全国供用电规则》，熟悉并掌握电价及其有关规定，了解用户用电情况；了解一般的电工基础知识和电度表的结构及工作原理，用以分析和判断抄录电度表读数及计算电量的准确性；同时，还必须具备高度的工作责任感和严肃的工作作风，严格按工作程序办事，保证抄表质量。

为了保证抄表质量，售电企业对抄表制度、抄表方式以及抄表过程中发现的问题、处理方法，都应分别制定相应的原则规定，大致有以下几点：

（1）抄表周期一般为每月1次，除定为月末24:00抄表的用户外，对其他用户均由售电企业的抄表人员按期前往用户处抄表。

（2）要重视大用户的抄表工作，大用户数量虽少，但电费收入所占比重极大。

（3）抄表时除抄录有功电量外，还要抄录无功电量、最大负荷，核对电流互感器、电压互感器比值，受端变压器容量，以及查看值班人员记录。

（4）抄表人员必须到表位抄录电度表读数，不允许估算用户的用电量，如确因某种原因抄不到电度表读数时，应尽可能设法补抄。

（5）抄表人员在抄录电度表读数前，特别是对第一次抄表的新用户，应该对电度表的厂名、表号、安培、表示数、倍率等进行核对，经核对与用户用电分户账页记录相符合后再抄表，以免发生张冠李戴、错抄电度表数的现象。

（6）抄表人员每月抄表时应巡视观察电度表运行情况，发现需及时处理的问题，应开出业务工作传票，转有关部门处理。

（7）抄表时，如发现表计故障、计量不准时，除应了解表计运转及用电情况外，对当月应收电费，可暂时按上月用电量预收。在表计故障消除后，再分情况重新计算电费，多退少补。

（8）为了保证抄表质量，一般在抄表当天由专业复核人员或抄表人员之间相互逐户复核所抄电量和应收电费是否准确，然后再填写电费收据，编写抄表日报。

（三）电费核算

电费计算与审核工作应在抄表次日进行，要严格按照工作运转程序把好质量关。其计算与审核的项目包括以下内容：

（1）清点抄表人员交回的用户用电分户账册（既抄表卡）的户数，确认其户数与分户账页分类汇总表上所载户数相符，电费收据张数与所领张数一致。

（2）逐户按抄表卡片和电费收据审核电量和电费的计算。

（3）审核抄表日报表各栏数据。

（4）审核有关业务工作传票的运转、登记和执行情况。

（5）审核卡片和收据的填写是否正确无误。

（四）电费回收

按期回收电费可以保证售电企业重要经济指标的完成，保证售电企业的利润和上缴税金，从而保证国家的财政收入。用户积极支持和配合售电企业按期交付电费，不仅可以保证售电企业再生产，补偿生产资料等开支所需的资金，而且可以提供促进售电企业扩大再生产所需的建设资金。因此，售电企业的电力销售部门应该使用户占用货币资金的时间缩短，及时并足额回收电费，加速资金周转，这是一项重要考核指标。考核电费回收率的指标为100%，其计算公式为

$$\text{电费回收率}=\frac{\text{实收电费}}{\text{应收电费}}\times 100\% \tag{7-10}$$

未按期回收的欠交电费，有可能形成呆账，不仅使售电企业受到不应有的损失，也影响了国家的财政收入。同时还会使用户淡漠对电力产品是商品的认识，有时甚至发生挪用或贪污电费。因此，按期回收电费是维护国家利益、维护售电企业和用户利益的需要。售电企业的电力销售部门向用户回收电费的主要方式有以下几种：

（1）走收电费。走收电费是指由专门的收费员负责到用户处收取电费，即上门收费。收费人员每天领取电费收据，在收取电费的同时将收据交给用户。如果当天无法收到电费，应留通知单给用户，通知用户到指定地点交费。收费员要妥善保管电费收据，每天将收到的电费和未收到的电费单据交给坐收员，并相互核对签字。

（2）坐收电费。坐收电费是指售电企业设立的营业站或收费站固定值班收费，即坐在柜

台里收费。坐收人员每天工作结束后，除了清点全部收入现金和支票外，还应将当天的全部电费收据存根联分类统计，编制已收电费合计票。所收各项业务费分别编制相应的收入日报表。

（3）委托银行代收电费。委托银行代收电费是指售电企业与银行等签订委托代收电费协议，售电企业则依据协议规定，按月付给银行代收电费手续费。售电企业依据协议规定，由抄表人员对所有以现金或支票交付电费的用户送交“电费交费通知单”，以便用户持通知单到银行交付电费。

（4）银行托收电费。银行托收电费是指售电企业与用户经协商一致共同签订电费结算合同，通过银行拨付电费的方式。这种方式具有手续简便，资金周转快，便利用户，账务清楚等优点。银行托收一般分为托收承付和托收无承付。银行托收电费主要采用托收承付的方式。所谓托收承付是由收款单位将托收承付结算凭证送交银行，由银行通知付款单位，经付款单位同意后，再由银行拨入收款单位的账户。

（5）用户储蓄付费。为了方便用户交纳电费，保证电费收取的安全，提高电费的现代化管理水平，可以采用用户储蓄付费的方式。所谓用户储蓄付费是由用户自愿参加电费储蓄，由银行根据电费管理部门所提供的用户电费结算软盘，从用户电费储蓄账户中扣减电费，并划到电费管理部门的账户中。

（6）分次交纳电费。分次交纳电费是指电力用户对当月电费按照协议在结算前分多次向配电营业部门交纳电费，并在月末抄表结清当月电费的一种电费回收方式。这种方式一般适用于10万kW·h以上的电力用户。

（7）用户自助交费。用户自助交费是指用户通过电话、计算机网络等通信终端设备按语音提示完成交费的方式。这种方式不受交费时间、地点的限制，有效解决了电力用户交费难的问题。

（五）账务处理

电费收入的账务处理是售电企业进行财务管理与监督的重要组成部分，它以电费收入为主要对象，建立相应的账簿，进行有关的账务处理和统计分析，并及时上缴电费。

电费账务分为总分类账、明细分类账和日记账，各种账簿要及时结账，按期对账，并进行具体核算。

（六）电费统计

电费统计也称电能销售统计，一般依据行业用电分类和电价类别进行。行业用电分类是将用电分为不同的类别，如分为大工业用电、普通工业用电、非工业用电、农业用电、居民生活照明用电、非居民照明用电以及商业服务业用电等不同的用电类别。电力销售统计的基础工作是将所有电力用户按照国民经济行业用电分类或电价分类的划分标准正确地进行类型划分，并注明划分标识，在抄表后，按照不同的标识进行各项统计指标的汇总。

电力销售统计的指标分为总量指标、相对数指标和平均数指标。总量指标是反映社会经济现象总规模和总水平的综合指标。电能销售统计工作的总量指标是一定的销售电量与销售收入的具体表现。这一指标是最常用的基本指标，也是相对数指标和平均数指标的基础。相对数指标是指两个有关联的指标的对比，其数值表现为相对数。平均数指标是反映总体各单位某一数量标志一般水平的综合指标，其数值表现为平均数。

(七) 电力销售状况分析

电力销售状况分析是指以销售毛利为中心，对构成销售毛利的要素，即售电量、售电收入、售电平均电价、线损以及购电量的完成情况进行分析，找出影响销售毛利的主要因素，提出改进措施，为经营决策和制定电力发展规划提供依据。

电力销售状况分析的内容如下：

(1) 电力销售形式分析。包括分析期内售电企业购电、售电完成总量及损失情况；实现的售电收入、售电平均电价和平均购电价情况；获取的电力销售毛利状况、与基期或计划的比较等。

(2) 电力销售主要指标的完成情况分析。包括分析期主要指标，即售电收入、购电费和销售毛利完成情况的分析及今后的走势分析；对构成销售毛利的因素，即售电量、平均电价、购电价、损失电量和线损等进行分析。

(3) 辅助指标完成情况分析。主要对营业外收入，包括电费滞纳金、违约使用电费等进行分析；对堵漏增收情况进行分析。

(4) 电力市场分析。对本期电力市场进行分析，提出特殊问题。

(5) 电力营销策略分析。根据电力市场变化，提出近期、远期的电力市场营销策略。

小　结

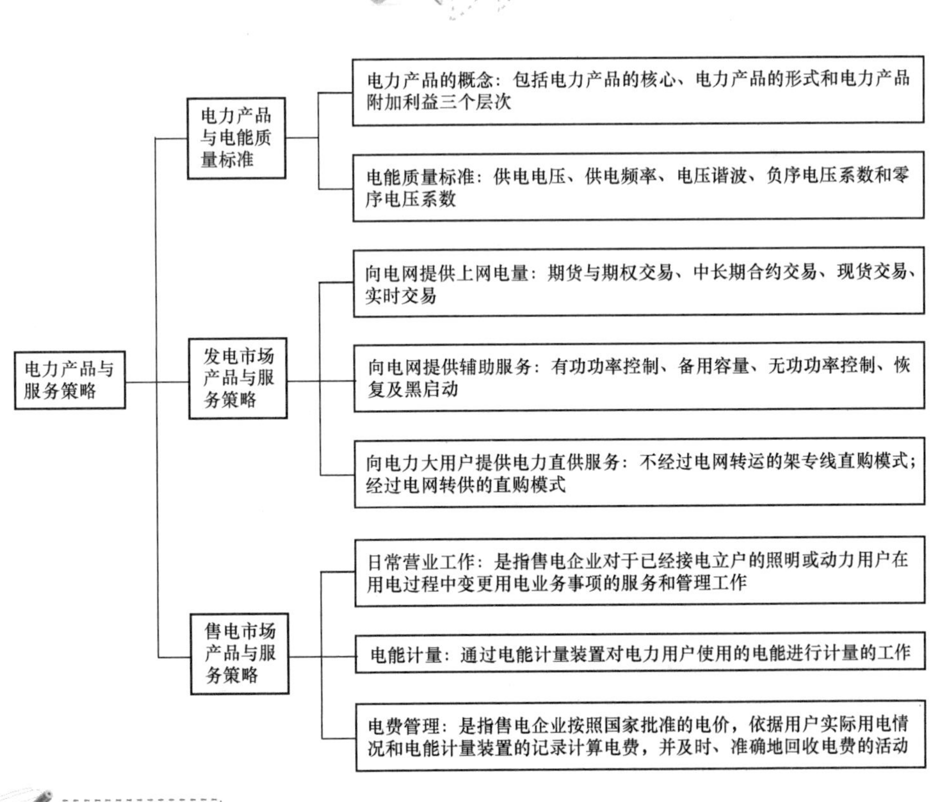

主要概念

电力产品、日常营业工作、电能计量、电费管理。

思 考 题

1. 电能质量的标准有哪些？
2. 发电市场有哪些产品与服务策略？
3. 售电市场有哪些产品与服务策略？
4. 电费管理包括哪些具体任务？

第八章　电　价　策　略

学习目标

（1）了解电价的构成和影响因素。
（2）了解电价的特点和作用。
（3）掌握电价的种类和原则。
（4）了解制定电价的一般方法。
（5）掌握上网电价的制定。
（6）了解上网电价竞价策略的方法。
（7）掌握输电服务的种类。
（8）了解输电服务的成本和输电服务的定价方法。
（9）掌握销售电价的策略。

第一节　电　价　概　述

一、电价的概念

电力产品同其他产品一样是商品。商品的销售，就是要向消费者和用户提供质量合格的产品或劳务，同时从消费者和用户手中取得相应的货币收入，这种货币收入就是通常所说的商品价格。商品的价格是商品价值的货币表现，电力产品，通常指电能，其价格简称电价。

二、电价的构成

按照经济学理论，价格是商品价值的货币表现，商品的价值量是由生产商品所消耗的社会必要劳动时间决定，商品的交换以价值量为基础进行等价交换。

既然商品的价格是价值的货币表现，商品的价格就应以价值为基础，与商品的价值一样包含三个部分：一是商品的物质消耗支出，这部分支出是指商品转移价值的货币表现 C；二是生产商品的劳动报酬支出，这部分支出是指生产商品的劳动者劳动所创造的价值的货币表现 V；三是盈利，这部分是指为社会创造价值的货币表现 M。因此，价格 P 构成的一般模式为

$$P=C+V+M \tag{8-1}$$

式中　P——商品的价格；
C——物质消耗支出，转移价值；
V——劳动报酬支出；
M——盈利。

在实际定价时，物质消耗支出 C 和劳动报酬支出 V 表现为生产商品的成本，盈利 V 表现为生产商品的利润和税金。为此商品价格的构成可以表示为

$$价格=产品成本+利润+税金 \tag{8-2}$$

电价作为电能价值的货币表现同其他商品一样，其构成为

$$电价=电力成本+利润+税金 \tag{8-3}$$

三、影响电价的因素

对电价构成的分析是对影响电价因素的静态分析，对电价影响因素的分析则是对影响电价因素的动态分析。影响电价的因素很多，包括宏观因素和微观因素各个方面，主要涉及以下几个方面。

（1）政府政策。电力产品与国民经济发展和人民生活密切相关，是各行各业生产所必需的、不可缺少的能源和动力。电力行业既是重要的基础产业，又是重要的公共事业，电价制定得合理与否将影响到社会各个方面。由于电价具有拉动效应，电价太高，将会导致其他行业产品的价格上扬，或者导致用户承受不起。因此，电价不可能像有些产品的价格那样完全由市场给予调节，政府往往要对其价格实施监管，从宏观经济调控的角度给电力企业确定适当的价格。其目的是更好地贯彻国家的产业政策和能源政策，既能保证电力企业的正常经营和发展需要，又能保证整个国民经济的持续稳定发展。

（2）科技发展水平。科技发展水平是决定整个电力工业经营效率的主要因素，也是导致电价变动的重要原因。通常科技发展水平的提高将促进电力工业经营效率的提高，进而促使电价的降低。

（3）国民经济增长速度。国民经济增长速度越快，对电能的需求量就越大，而需求决定了电力资源开发的承受成本。在开发技术没有重大进步的情况下，电力资源开发的总规模越大，边际成本就越高。通常，需求水平越高，可承受的电力资源开发成本越高，总开发规模就应随之扩大，电价就越高；反之，需求水平越低，可承受的电力资源开发成本越低，总开发规模就必须限定在相应范围内，电价就越低。这就是经济增长速度影响电价的机理所在。影响国民经济增长速度的因素比较复杂，它是劳动生产率、人口、资源等多方面因素综合作用的结果。

（4）税收、利率和汇率水平。无论是发电企业的上网电价还是售电企业的销售电价均存在税收问题。根据目前的税收政策，发电企业的上网电价要征收电力产品增值税，售电企业的销售电价也要征收电力产品增值税，还包括其他税种。利率是电力企业财务费用的主体，其高低主要受通货膨胀率、国民的富裕程度、经济增长速度的影响。在其他条件不变的情况下，利率提高，电价上升；反之，电价下降。我国1985年以来，由于经济快速发展，电力需求增大，仅靠中央投资建设电厂已经满足不了需求，国家开始放开电源建设，一些地区开始自筹资金建设电厂。国家为了鼓励和规范自建电厂，实施还本付息电价政策，即根据还清投资本息的需要和发电企业平均留利水平确定电价，因此，这种类型电厂的电价受到利率的影响尤其明显。

（5）电力供需矛盾的影响。电力供需状况是影响电价变化的一个主要因素，当供需矛盾突出时，电力供不应求，可以适当提高电价水平，以抑制电力的需求，缓和电力供需矛盾；当电力供需矛盾缓和，尤其出现供过于求时，可以适当降低电价，以促进电力的广泛使用。

（6）电力竞争因素的影响。电力两级市场均存在竞争因素：售电市场基本处在垄断竞争的环境下，发电市场由于大用户直购电也存在着竞争因素。按照经济学的理论，在垄断竞争

环境下，企业对价格是有一定影响力的。当电力企业之间竞争激烈时，可以通过适当调整电价水平，来提高电力企业的竞争力。

（7）能源条件的影响。电力企业以一定的一次能源作为原材料，当煤炭、石油、天然气等一次能源的供应或价格发生变化时，就会对电价产生一定的影响。以火电厂为例，燃料费用是火力发电企业成本的主体，在我国燃料费用过去曾占火电厂发电成本的约70%，现在也约达50%。因而燃料价格对电价的影响是非常直接和巨大的。

（8）容量造价及折旧率。容量造价包括电源造价和电网造价。在折旧率一定的情况下，容量造价越高，折旧费越大。同样在容量造价不变的情况下，折旧费用与折旧率成正比。容量造价的升降主要受宏观经济运行状况的影响，投资需求上升，容量造价也会相应提高；反之，则下降。折旧率的变动主要取决于国家的产业政策，很显然电价与容量造价和折旧率变动方向是相同的。

（9）系统负荷率。系统负荷率是指发电、供电设备的利用率，它是决定单位发电、供电固定费用水平的又一重要因素。系统负荷率越高，单位发电、供电成本越低；反之，如果系统负荷率下降，则发电、供电成本随之上升。在其他条件不变的情况下，电价的平均水平应与系统负荷率呈反方向变动。

四、电价的特点

为了进一步了解电价的特点，需要首先了解电力产品、电力生产和消费的特点。

（一）电力产品的特点

电力产品是一种准公共产品，之所以称之为准公共产品是因为它具有一般公共产品的特点但又不完全具备其特点。首先，电力产品是现代生产和生活中的必需品，是现代文明生活中不可或缺的要素，具有一般公共产品所具有的共同必需性。但是电力产品的这种共同必需性不同于一般的公共产品，一般公共产品具有消费的集团性和个别消费的不可区分性，因此难以通过市场机制来提供产品，需要通过政府的财政支出来提供。电力产品虽然具有共同必需性，但是其消费可以简单计量，可以排除用户使用电力不支付合理费用的可能，因此，是一种可以形成价格的产品。电力产品的这种共同必需性和价格形成的可能性使其成为一种准公共产品。

（二）电力生产和消费的特点

1. 电力生产的特点

从价格的形成角度看，电力的生产具有以下特点：

（1）电力企业规模大、资金密集、投资期长。在我国拥有亿元以上固定资产或年销售收入就可以称为大型企业，而一座中型的发电厂所需要的建设资金就高达数十亿、百亿元以上，有的水电厂投资甚至高达数百、上千亿元以上。因此，电力企业规模大，资金密集。同时，一般火电厂建设期为3～5年，水电厂建设期为5～10年，如果加上前期准备工作时间则更长，可见，电力企业投资周期长。

（2）电力生产、输送和销售瞬间完成。电能具有不能大量存储的特点，因此电力生产、输送和销售必须要求在瞬间完成，也就是说电力系统在任何瞬间生产的电能必须等同于电力用户对电能的需求量。

（3）电力企业与用户在效益和安全上相互关联和制约。电力企业从生产过程上看分为发电企业、电网经营企业和售电企业，最后将电力输送到用户。从效益上看，发电企业为增加效益将提高上网电价，但上网电价对电网经营企业相当于购电成本，因此会影响电网经营企业的效益；电网经营企业如果提高输电费用将影响售电企业和大用户的效益，售电企业如果要保持原有的效益必将影响一般用户的利益。因此电力企业与用户在效益上是相互关联和制约的。从安全上看，由于发电企业、电网经营企业、售电企业和电力用户（电力用户的设备）是通过输电线路和变电设备联系在一起，电力生产的安全可靠性、电能质量的标准将直接影响电力用户使用设备的安全性，反之，电力用户安全、合理使用设备也将对电力安全生产起到促进作用。

2. 电力消费的特点

电力的消费与一般商品相比，具有不同的特点。具体表现在以下几个方面：

(1) 消费时间集中。电力消费与人们的生活作息时间密切相关，除少数行业外，生产性的动力用电通常集中在白天，而生活性的照明用电正好相反，主要集中在晚上。

(2) 消费需求多样。电力的消费涉及各行各业、千家万户，通常有居民生活用电、非居民生活用电、商业用电、非工业用电及普通工业用电、大工业用电、农业生产用电、贫困县排灌用电。不同情况的用电对电压等级、可靠性要求都不同。

(3) 消费范围广泛，可替代性差。电力产品具有清洁、方便、廉价的优点，技术成熟，用途广泛，因此在能源消费结构中占有主体地位。电力不仅可以用于能量转换，还可以用于广播、通信和电子技术等方面。随着国民经济的发展和人民生活水平的提高，电力产品所起的作用将越来越大。

（三）电价的特点

电力产品的特点、电力生产和消费的特点决定了电价的特殊性，主要表现在以下几个方面。

(1) 电价的复杂性。电力产品产、供、销的同时性，使发电、供电环节受到用电环节的制约。反映在电价上，同样 1kW·h 电能，不同的用途，不同的电压等级，其电价就不同。因此电价问题比较复杂。

(2) 电网的制约性。由于电力的生产和使用受电网的影响，所以制定电价时，必须考虑电网的制约性。

(3) 影响的广泛性。电力产品涉及国民经济各个部门和千家万户，因此电价的影响非常广泛，必须考虑电价影响的广泛性。

(4) 投资回收性。电力企业的投资量大，同时由于负荷不均匀，系统的安装设计应按最大功率考虑，反映到电价上就是要考虑价格必须保证投资回收问题。

(5) 一次能源影响性。火电厂的燃料成本占发电成本的 50%～70%，一次能源价格的变动对电价的影响很大。

五、电价的作用

电价作为电力产品的货币表现，不仅关系到人民生活，而且关系到国民经济各行各业，合理制定电价有着重要作用。主要表现在以下方面：

(1) 电价对电力生产、流通、消费起着重要的调节作用。电价的制定是国民经济价格体系中的一个重要组成部分，电价的合理与否直接影响国民经济的发展。因此，合理确定电价水平，使电价能及时、准确地反映电力的供求变化，准确体现电力产品的质量和数量，从而对电力生产、流通和消费起着重要的调节作用。

（2）电价能发挥价格杠杆作用。电价作为经济调节的杠杆，一方面，在市场经济体制下，给电力企业创造一个能形成平均利润的市场环境，确保电力企业扩大再生产的需要，因为电力企业生产所需的资金，是通过电力商品的等价交换过程，从电价中取得的；另一方面，在能源紧张的情况下，可以利用电价的调节作用，合理配置和利用资源，限制高能耗、低效率的电力用户，促进高效工业和先进技术的发展，提高社会的总体经济效益。

（3）电价使电力用户合理负担电力成本。电力市场的基本原则是公平原则。为了真正体现公平原则，不同的电力用户应使用不同的电价，使电力用户合理负担电力成本。

（4）电价便于计量、抄表和收费工作。电价制度的执行有相应的计量装置配合。不同的用户采用不同的电价，采用不同的计量装置，便于电能的计量、抄表和收费工作。

六、电价的种类

电价的种类是世界各国普遍采用的电价制度，也是我国长期采用的电价制度。不同的国家对于电价的种类有不同的认识。在我国，电价一直是一个非常复杂的问题，甚至不同的电网，其分类的标准、形式和方法都不相同。随着我国加入 WTO，电价制度进一步改革，逐渐与国际接轨。电价可以按照不同的标准分类，通常按生产流通环节对电价进行分类，分为上网电价、输电电价和销售电价。

（一）上网电价

上网电价是指独立核算的发电企业向电网经营企业提供上网电量时与电网经营企业之间的结算电价。按照《电力法》的规定，上网电价实行同网同质电价，一般根据电压等级、频率稳定、出力稳定情况、调峰能力以及供电的可靠性等因素综合评价。

（二）输电电价

输电电价，也称为输电服务费用，是指电网经营企业在向电力大用户提供转供服务时，与大用户或发电企业之间的结算电价。输电电价为大用户选择不同购电方式时提供决策依据。

（三）销售电价

由于电能的用途不同或来源不同，造成电价不同，销售电价主要分为居民生活用电电价、非居民照明用电电价、商业用电电价、非工业及普通工业用电电价、大工业用电电价，农业生产用电电价和贫困县农业排灌用电电价等七类。

（1）居民生活用电电价。居民生活用电电价的适用范围是指居民生活用的照明及家用电器等方面的用电。

（2）非居民照明用电电价。非居民照明用电电价的适用范围是非居民客户中的一般照明和普通电器用电；满足一定条件的小动力用电；空调、电热设备用电；普通工业和非工业客户中生产照明、办公照明用电等。

（3）商业用电电价。商业用电电价的适用范围是凡是从事商品交换或提供商业性、金融性、服务性的有偿服务所需的电力，不分容量大小，不分动力照明，均实行商业用电电价，包括商业类、餐饮类、物资购销类、房地产经营类、旅游业类、文化娱乐类、理发浴池业类、金融保险类、电子计算机事业、咨询服务、广告公司及其他综合技术服务用电。

（4）非工业及普通工业用电电价。非工业用电电价适用于以电为原动力、总容量在 3kW 以上的生产用电。普通工业用电电价的适用范围是以电为原动力或以电冶炼、烘焙、熔焊、电化的工业生产，其受电变压器容量不足320kV·A或低压用电、养蚕业、粮食及饲料加工业用电。

（5）大工业电价。大工业电价适用于以电为原动力，其受电变压器容量在320kV·A及以上者。

（6）农业生产电价。农业生产电价适用于经过有关部门批准的、用于农业生产的用电。

（7）贫困县农业排灌用电电价。贫困县农业排灌用电电价适用于列入扶贫范围县的农业排涝和灌溉用电以及省属大型翻水站。

国家发展和改革委员会于2005年3月发布了《销售电价管理暂行办法》，明确销售电价分类改革的目标是将电价分为居民生活用电、农业生产用电、工商业及其他用电价格三类。可以根据用户承受能力逐步调整，先将非居民照明、非工业及普通工业、商业用电三大类合并为一类；合并后销售电价分为居民生活用电、大工业用电、农业生产用电、贫困县农业排灌用电、一般工商业及其他用电五大类，大工业用电分类中只保留中小化肥一个子类。

七、制定电价的原则

按照《中华人民共和国电力法》（简称电力法）的规定：制定电价应当合理补偿成本，合理确定收益，依法计入税金，坚持公平负担，促进电力建设。电力法指出了电价制定的四条基本原则。

（一）合理补偿成本的原则

电力成本是指电力产品生产经营过程中的全部生产耗费，包括发电、购电、供电及售电成本，从货币上反映了电力生产必要的劳动耗费。电力成本包括以下三个方面：

（1）固定成本。固定成本也称容量成本。固定成本是指成本的发生与发电、供电量的变化关系不大的部分。由于这部分成本的发生与发电、供电容量大致成正比，因此又称为容量成本。固定成本包括材料、基本折旧、大修理费用、管理费用、生产人员的工资和福利费用等。为了降低固定成本，必须做好电网发展规划和电力建设的前期工作，降低基建造价，压缩建设周期。

（2）变动成本。变动成本也称电量成本，是指成本的发生与发电、供电量成正比变化的部分。由于这部分成本的发生与发电、供电量成正比变化，因此又称为电量成本。变动成本包括发电燃料、水费、购电量等。为了降低变动成本，必须加强管理，降低发电煤耗、水耗，降低厂用电率和线路损失率。

（3）销售成本。销售成本是指成本的发生与电能销售有关的部分。销售成本包括接户线和电度表的基本折旧、营业人员的工资和福利费用等，这部分成本与用户数大致成正比关系。为了降低销售成本，就必须减少不必要的计量表计，提高营业人员的工作效率。

（二）合理确定收益的原则

合理确定收益是电力企业保证自身发展能力，满足国民经济发展和人民生活需要的要求决定的。合理确定收益的原则有以下要求：

（1）合理确定收益，保证电力企业的利润合理。由于电力行业是国家的公共性行业，电力企业经营具有垄断性，如果不加以控制，按垄断地位获取超额利润，就会使利润超出合理标准。因此，电价必须受国家的监管，不应在电价中含有过多的超额利润。

（2）合理确定收益，保证电力企业自我发展能力。电力工业是国民经济中的基础工业，电力工业必须要不断发展，以满足国民经济发展和人民物质、文化生活的需要。因此，电价中应包含电力企业自我发展基金的积累，保证电力企业具有自我发展的能力。

（3）合理确定收益，保证电力企业偿还资本的能力。电力企业在正常运营中，必须要向企业的所有者支付股息和利息，因此，电价中必须包含偿还资本的能力。

（三）依法计入税金的原则

税金是纳税人按照国家税法所规定的标准，向国家交纳的税款金额。税金具有强制性、无偿性和固定性的特点。依据现行税法，主要有产品税、增值税、营业税、所得税、盐税、资源税、调节税、城市维护建设税和教育费附加等税种。电力企业主要应纳的税种有增值税和企业所得税。

（1）增值税。增值税是对从事销售货物或者提供加工、修理修配服务以及进出口货物的单位和个人取得的增值额为征税对象征收的一种流转税。与其他流转税不同的是，虽然按流转额全额课税，但实行税款抵扣，即对纳税人购入的货物或应税劳务已纳的增值税予以扣除。计算公式为

$$应纳增值税=产品销售收入\times增值税率-扣除税额 \tag{8-4}$$

$$扣除税额=扣除项目金额\times扣除税率 \tag{8-5}$$

（2）企业所得税。企业所得税是指国家对境内企业（外商投资企业和外国企业除外）就其生产、经营所得和其他所得依法征收的一种税种。企业所得税是国家参与企业利润分配的一种重要手段。计算公式为

$$应纳所得税=应纳所得税额\times适用税率 \tag{8-6}$$

企业所得税适用税率为33%的比例税率。企业的应纳税所得额是企业所得税的计税依据。正确计算应纳税所得额是正确计算企业所得税额的关键。应纳税所得额计算公式为

$$应纳税所得额=收入总额-准予扣除项目金额 \tag{8-7}$$

（四）公平负担、等价交换的原则

电力企业是公共事业，电价的高低对国民经济各部门的生产费用和人民生活都会产生一定的影响，制定电价必须要在价值规律的基础上考虑公平负担、等价交换的原则。主要做到以下几点：

（1）电力供、需双方要等价交换。电价制定必须要考虑供电、需电双方的利益，电力企业不能凭借供电区域的垄断性谋取高额利润。

（2）电网之间的相互供电要等价交换。电网与电网之间、电网与地方电厂和自备电厂之间相互供电的电价必须是等价交换和相互有利的。

（3）电力企业的内部电价要等价交换。电网中发电、输电、配电、售电企业的内部电价也应按照生产成本和资金利润率合理制定。

（4）各电力用户之间的电价要等价交换。不同的电力消费者或电力用户要按照各自的电压等级和用电时间等合理确定电价。

八、制定电价的一般方法

（一）成本定价法

1. 会计成本定价法

会计成本定价法是会计学定价方法，适合于计划经济体制下电价的制定。这种定价方法的依据是会计成本加利润，其中会计成本包括折旧费、成本和税收。折旧费是固定资产在经济寿命内合理地分配和回收，作为固定资产重置的费用。成本包括燃料费、修理费、人工服

务费、工人的工资等有效经营所必需的费用。税收包括各级政府规定的各种税收。利润是企业的盈利，是电力企业有效资产乘以利润率，利润率大小由政府决定。

会计成本定价法是静态的平衡，是基于历史数据的简单平均，因此是一种“向后看”的定价方法，这种方法无法排除历史上巨额固定资产投入中的畸变。另外，成本定价是基于年平均成本的概念，无法自然产生分时电价结构，即使勉强产生分时电价结构，往往是采用经验估算的方法，因而缺乏科学性。会计成本定价法的缺点是不能反映短期内系统的供需关系，不利于电力工业扩大再生产，无法实现资源的最优配置，不能适应市场条件下竞争的电力产品交易机制。

配电侧的两部制电价是会计成本定价的典型代表。两部制电价是将电价分为基本电价和电度电价两部分，其中基本电价与容量有关，代表容量成本；电度电价与电量有关，代表电量成本。分别对用户按基本电价和电度电价收取电费，以达到提高负荷利用率、合理负担电能使用费用的目的。

2. 边际成本定价法

边际成本定价法是经济学定价法，适用于电力市场化初期，此时尚不能采用市场定价法。这种定价法的定价依据是以边际成本为基础，所谓边际成本是指在电力系统优化规划和运行的基础上，增加单位电力产品的供应时电力系统所增加的成本。

边际成本定价法以边际成本为基础，可以解决电力发展问题，为电力系统扩建筹集资金。同时，以边际成本为基础的电价可以给用户一个信息，用户可以根据增加电力消费的收益与增加的电费支出，决定是否增加电力消费，从而实现负荷管理的功能。

边际成本分为短期边际成本和长期边际成本。短期边际成本是在不考虑系统新增固定投资的前提下，依据现有资源运行优化后产生的边际成本而制定的电价；长期边际成本定价法是按照各类用户的受电电压、用电时间，严格计算增加单位用电而引起的系统成本增加值，计算系统长期边际容量成本，然后考虑调整因素制定电价的方法。

实时电价是边际成本定价法的一种典型代表，它与短期边际成本相对应，可以实现社会利润最大化。

长期边际成本制定电价的基本含义就是今天回收系统明天的成本，尽管原则上短期边际成本更能提供有效的价格信号，但国际上通常参照长期边际成本制定电价体系。采用长期边际成本为基础制定电价的方法被越来越多的国家接受。

3. 两种定价方法的区别

会计成本定价法与边际成本定价法有很大区别，主要表现在以下方面：

（1）反映的成本内容不同。会计成本定价法反映的是过去沉入的成本，是根据过去已经发生的各项费用成本来制定电价，这种定价方式是静止的，具有统计特性，着眼于企业财务报表的平衡，不能对以后的价格产生影响；边际成本定价法反映的是将来的成本，体现了经济成本的变动趋势，能够真正反映未来资源的价值。

（2）采用投入物的价格不同。会计成本定价法制定电价时对各种投入物采用现行价格为依据，当现行价格中的一些能源，如煤、油等价格受到扭曲，价格严重偏离价值时，按照投入物现行价格制定的电价不能真正反映其价值。边际成本定价法制定电价时对各种投入物采用影子价格，所谓影子价格就是资源最优利用下的价格，能真正反映资源价值。

（3）边际成本定价法考虑了资金时间价值。边际成本定价法考虑了资金的时间价值及资本的机会成本，成本中固定资产资金回收确定的原则是：平均每年回收的资金数值应能保证在设备或工程的经济寿命内使全部的投资现值得到回收，采用的折现率为社会折现率，按照复利系数计算。

(4) 边际成本定价法更能真实反映实际供电成本。会计成本定价法中，供电成本是采用各种方法分摊给各类用户。边际成本定价法以长期边际成本为基础，根据各个用户用电的增加引起的系统实际供电成本增加计算取得，它能真正反映不同的供电电压、不同负荷特性的用户的实际供电成本。

（二）市场定价法

市场定价法是电力完全市场化条件下的一种定价方法，电价完全由市场供需情况确定。这种电价方法的形成机制不是生产成本，而是用户效用。所谓用户效用是指用户通过消费某种商品所产生的满足程度。在电力完全市场化条件下，用户效用就是指电力用户通过消费电力产品所产生的满足程度。西方经济学家认为，效用是消费者对商品和劳务的主观评价，是一种主观的心理感觉。效用会因人、因时、因地不同而不同。

用户效用的概念实现了价格对供需的完全弹性，充分实现了资源的最优分配，这种方法形成的电价在理论上更加符合市场经济，这种电价的形成机制在一些电力工业比较发达的国家已经得到了应用。随着我国电力体制改革的深入，输电、配电分开形成完全电力市场后，这种定价机制将会得到广泛应用。

第二节　上网电价的制定和竞价策略

上网电价是电价的源头，在电价中的地位非常重要。对电网经营企业来讲，上网电价就是其购入电价。其计价点一般在发电企业与电网产权的分界处。

一、上网电价的制定

按照国家发展和改革委员会2005年3月发布的《上网电价管理暂行办法》的规定，上网电价的制定分为以下两种情况。

（一）竞价上网前的上网电价

目前我国的发电企业分为以下三种情况：由原国家电力公司系统直属并已从电网分离的发电企业、电网公司保留的发电企业、独立发电企业。竞价上网前的上网电价应分不同情况进行制定。

原国家电力公司系统直属并已从电网分离的发电企业，暂执行政府价格主管部门按补偿成本原则核定的上网电价，并逐步按独立发电企业的上网电价制定办法执行。

电网公司保留的电厂中，已核定上网电价的，继续执行政府价格主管部门制定的上网电价；未核定上网电价的电厂，电网企业全资拥有的，按补偿成本原则核定上网电价，并逐步按独立发电企业的上网电价制定办法执行；非电网企业独资建设的，直接按独立发电企业的上网电价制定办法执行。

独立发电企业的上网电价，由政府价格主管部门根据发电项目经济寿命周期，按照合理补偿成本、合理确定收益和依法计入税金的原则核定。其中，发电成本为社会平均成本；合理收益以资本金内部收益率为指标，按长期国债利率加一定百分点核定。通过政府招标确定上网电价的，按招标确定的电价执行。

除政府招标确定上网电价和新能源的发电企业外，同一地区新建设的发电机组上网电价实行同一价格，并事先向社会公布；原来已经定价的发电企业上网电价逐步统一。在保持电价总水平基本稳定的前提下，上网电价逐步实行峰谷分时、丰枯季节电价等制度。燃料价格涨落幅度较大时，上网电价在及时反映电力供求关系的前提下，与燃料价格联动。跨省、跨区电力交易的上网电价按国家发展改革委印发的《关于促进跨地区电能交易的指导意见》的有关规定执行。

（二）竞价上网后的上网电价

竞价上网后的上网电价分为参与竞价的发电机组和不参与竞价的发电机组两种情况。

不参与竞价上网的发电机组，上网电价按照独立发电企业的上网电价制定办法执行。参与竞价的发电机组主要实行两部制上网电价。

容量电价由政府价格主管部门制定，逐步过渡到由市场竞争确定。政府制定的容量电价水平应反映电力成本和市场供需状况，有利于引导电源投资。在同一电力市场范围内，容量电价实行同一标准。容量电价以区域电力市场或电力调度交易中心范围内参与竞争的各类发电机组平均投资成本为基础制定。计算公式为

$$\text{容量电价}=\text{容量电费}/\text{机组的实际可用容量}$$

$$\text{容量电费}=K\times(\text{折旧}+\text{财务费用}) \tag{8-8}$$

其中，K 为根据各市场供求关系确定的比例系数；折旧按政府价格主管部门确定的计价折旧率核定；财务费用按平均投资成本 80%的贷款比例计算确定。

容量电价应保持相对稳定。容量电费由购电方根据发电机组的实际可用容量按月向发电企业支付。

电量电价通过市场竞争形成。各区域电力市场选择符合本区域实际的市场交易模式，同一区域电力市场内各电力调度交易中心的竞价规则应保持一致。在电网企业作为单一购买方的电力市场中，可以实行发电企业部分电量在现货市场上竞价上网，也可以实行发电企业全部电量在现货市场上竞价上网。在公开招标或充分竞争的前提下，电网企业也可以与发电企业开展长期电能交易。有条件的地区可建立发电与用户买卖双方共同参与的电力市场，实行双边交易与现货交易相结合的市场模式；鼓励特定电压等级或特定用电容量的用户、独立核算的配电公司与发电企业经批准直接进行合同交易和参与现货市场竞争。在发电和用户买卖双方共同参与的电力市场中，双边交易的电量和电价由买卖双方协商确定；现货市场的电量电价按卖方申报的供给曲线和买方申报的需求曲线相交点对应的价格水平确定。竞价初期，为保证市场交易的顺利实现，可制定相应的规则，对成交价格进行适当调控；竞价上网后，实行销售电价与上网电价联动机制。为避免现货市场价格出现非正常涨落，政府价格主管部门可会同有关部门根据区域电力市场情况对发电报价进行限价。竞价初期，建立电价平衡机制，保持销售电价的相对稳定。

二、上网电价的竞价策略

（一）竞价上网的必要性

电力市场是电力工业发展的方向，而竞价上网是电力市场的核心，也是电力市场的精髓所在。

首先，竞价上网可以有效促进发电企业深化改革，提高效率。过去发电厂由国家控制，电价由国家统一制定。发电厂成为典型的“大锅饭”企业，职工竞争意识淡薄，生产效率低

下，人员机构臃肿。电力市场化改革后，发电企业通过竞价上网来争取发电量，竞价上网在短期内将降低平均上网电价水平。由于发电收入是发电企业最主要的收入渠道，因此，竞价上网对发电企业冲击很大，使发电企业的收益大为减少。加之一次能源价格的逐年提高，发电企业的营运成本也逐渐上涨。这就迫使发电企业必须深化改革，开源节流，通过加强内部管理和成本考核等措施提高发电企业的效率。

其次，竞价上网可以实现资源的优化配置。过去发电企业的发电负荷是由国家统一分配，分配电量时很少考虑各个发电厂机组效率的高低。在竞价上网后，通常是用满足市场负荷预测的最后一台机组出力对应的报价作为结算的竞价电价。因此在这种规则下，市场负荷是先满足效率高的机组出力，再满足效率较低的机组出力，从而避免了高效率机组的出力转移到低效率机组上的现象，达到了社会资源的最大优化配置。

（二）竞价策略的必要性

随着我国电力市场改革的深入，发电侧竞价上网的电量逐步增加，发电企业积极采用竞价策略显得越来越重要。

首先，发电企业的竞价策略是发电企业和电网经营企业的共同需求。发电企业的报价反映了电厂的运行成本和市场供求，决定着机组能否上网发电及上网电量的多少。从电网的角度看，科学的报价可以为电网提供良好的运行条件，最大限度地优化安排机组出力。因此，研究电发电企业的竞价策略是发电企业和电网经营企业的共同需求。

其次，发电企业采用竞价策略可以实现自身利润最大化的目标。由于发电企业拥有生产经营的自主权，因此成为市场竞争的主体。发电企业作为市场竞争的主体可以采用不同的竞价策略，通过调整报价曲线来实现利润最大化的目的。

最后，发电企业的竞价策略是电力系统的研究热点。在一个理想的电力市场中，价格更接近于短期边际成本，但事实上发电市场并不是一个完全的竞争市场，而是更接近于寡头垄断市场。由于发电企业的数目有限，投资规模、系统安全等原因，各国的电力市场均对电力企业在一定程度上利用市场力采取了宽容态度，因此，近年来策略性投标成为电力系统中最热门的研究方向之一。

（三）竞价策略的方法

目前，发电企业进行策略性报价的方法主要有以下三种：

1. 基于预测市场出清价的方法

这种方法需要较准确地估计、预测出市场的出清价，如果该出清价高于发电企业的成本价，则发电企业只需要稍微低于市场出清价报价即可。其优点是原理简单，易于理解，容易操作；但其难点在于如何准确地预测市场出清价。由于很多报价资料都属于企业的商业秘密，因此，在电力市场中可供查询的公开数据十分有限，同时市场出清价波动非常频繁，而且波动幅度很大，所以精确地预测市场出清价十分困难。但随着计算机科学的飞速发展，经济学家将回归分析预测法、人工神经网络法和专家系统预测法等应用到市场出清价的预测上，使市场出清价的预测准确度得到了一定程度的提高。目前多数电价的预测研究主要集中在对长期平均电价和超短期电价的预测，对下一交易日出清价格的预测很少。

2. 基于竞争对手的报价策略

这种方法是在对市场上所有竞争对手报价策略和费用函数的分布函数的各项参数进行预测的基础上，利用概率论或模糊数学的方法得到报价曲线和收益函数的期望值，最终决定报价策略。该方法理论性强，需要运用很多数学工具，如概率论、模糊数学等，但准确度较高；其难点在于，在电力市场中，各个竞争对手的报价历史数据以及费用函数都属于企业的商业秘密，不公开发布，因此，很难保证这种方法参数的预测准确度。

3. 基于博弈论的报价策略

在电力市场中，发电企业的报价行为实质上是一个相互博弈的过程。每个发电企业都尽力运用博弈论使自己在和他人竞争中取得自身利益的最大化，而且每个发电企业的决策和竞争对手的决策相互作用。在电力市场中，发电企业的数目很多，因此，发电竞价属于多人博弈问题。目前博弈论中多数理论属于双人博弈问题，多人博弈的理论和算法研究还不够成熟完善，而且计算量也大得多。

第三节 输电服务及定价方法

一、输电服务的种类

输电服务就是将电力产品从发电企业安全、经济、优质地输送到大用户的过程。在电力市场条件下，发电企业竞价上网，电力大用户可以直接选择电力供应者，电力的买卖只能通过电网这个共同的载体来实现，因此，发电企业和电力大用户都应该是输电服务的用户，需要共同承担输电费用。

输电服务按服务方式可以分为两大类：点对点输电服务和网络输电服务。

（一）点对点输电服务

点对点输电服务需要预先指定好电源点和负荷点，一般用于区域与其他控制区的联络线。一般要指定输电的路径，电能只能在协议规定的连续路径中流过，而对协议中未规定的其他路径和网络无影响。如果路径不可用，必须指定新的输电路径。点对点输电服务分为固定输电服务和不固定输电服务。固定输电服务有长期合同和短期合同，长期合同的合同时间至少为一年，短期合同时间有日、星期和月。不固定输电服务的合同时间有小时、日、星期和月。点对点输电服务可以转让。

（二）网络输电服务

网络输电服务是从网络电源到网络负荷的输电服务，一般用于控制区域内的输电服务。网络输电服务实际上是电网经营企业从发电企业买电再卖给售电企业，电力的生产者与消费者都只需要与电网经营企业发生关系。网络服务没有固定的输电路径，因此，允许用户改变收点与发点，甚至其输电计划。该服务利用网络的整体提供输电服务，服务对网络整体有影响，难以区分输送的电力通过的电压等级、路径或节点。网络输电服务不能转让。

二、输电服务的成本分析

输电服务成本是指承担输电业务的输电网络在提供输电服务时所花费的费用，主要包括电网使用费、辅助设施费和管理费。

（一）网络使用费

网络使用费主要由网络使用成本、机会成本和电网扩建成本组成。

1. 网络使用成本

网络使用成本主要包括输电设备的折旧费、网络损耗费和网络维护费。在计算输电设备的年折旧费时，首先要确定设备使用年限，一般规定为 30 年，通常采用定额法或双倍余额递减法。网络损耗费是由于电网在传输电力时，各个组成部分包括导线、变压器等均将产生有功和无功损耗，从而损失电能所发生的费用。它取决于各支路上的潮流，如何根据各项输电业务对支路潮流的影响来分配网络损耗费是一个较为复杂的问题，具体方法将在输电服务定价方法中介绍。网络维护费包括普通修理费和更新维修费。

2. 机会成本

机会成本是当某输电服务引起运行条件越限时，电网经营企业不得不放弃其他一些明显可以获利的交易，由此引发的利润损失，又称为阻塞费用。如果输电服务并未引起任何线路潮流越限，即无阻塞情况时，机会成本无需考虑。

3. 电网建设扩建成本

电网建设扩建成本是指为满足输电服务需要而新建输电设备的投资费用。

（二）辅助设施费

辅助设施费是由于随着发电竞争的引入和电网开放的实施及新技术的应用，增加了电网运行和控制的复杂性，因此需要利用一些辅助设施对电网的频率和电压进行调整和控制从而产生的费用。这些辅助设施包括频率控制、可靠性备用、非旋转备用、无功备用和有功补偿等。

（三）管理费

管理费包括交易执行前调度人员进行信息的处理分析、预测调度等工作，交易后为保证电网运行的收支平衡和恰当收益进行的结算等工作对输电所提供的管理服务费用。

三、输电服务的定价方法

输电服务的定价方法一般是基于成本之上，目的是将已有的和新建的输电系统成本合理分摊到输电用户中，并得到合理收益。这些方法包括综合成本法、长期边际成本法和短期边际成本法。

1. 综合成本法

综合成本法是根据电网以前的投资数据以及年运行成本计算电网经营企业在提供输电服务时的总成本，然后在各项具体贸易中按照某种原则进行分摊，在此基础上确定输电服务价格。这种方法的优点是概念清楚、易于实现，能保证电网的收支平衡。缺点是不利于价格经济信号作用的实现。在实际使用中，综合成本法的具体形式常有以下几种：

（1）合同路径法。合同路径法是指以输电服务合同中规定的路径中所发生的输电成本为依据计算输电服务费用。这种方法的假设前提是：假定电网经营企业提供输电服务时，其电能只能从合同中规定的连续路径中流过，合同中未规定的电网的其他路径不受影响，输电费用的计算只按该路径所包含的线路及变电站成本计算。合同路径法适用于电网规模小的时期，此时系统接线比较简单。随着电网的发展和节点的增加，这种方法的应用受到了限制。实际中，输电的电能并不是只在合同规定的路径中流过，而是对全网都有影响，只是影响的程度不一样。合同路径法的缺点是忽略了输电潮流对电网其他部分的影响，特别是与合同路径相邻的部分，可能受到的影响较大，但未得到补偿。由于这部分费用不包括在输电费用中，因此就会传递给用户不正确的价格信号。

（2）邮费法。邮费法是以每项输电服务的输电功率与整个电网总的输电功率的比率为依据，在计算整个电网总成本的基础上，通过比率法确定每项输电服务的输电服务费用。这种方法的特点是不考虑特定输电设备的成本，各项输电服务不管输电功率的注入和流出位置，只按输电功率大小计算输电费用，与距离和位置无关。因此称为邮费法。其优点是操作简单，缺点是对某些输电服务有失公平，因为消耗同样电能的用户其发生的输电费用与距离是有关的。

（3）距离-功率法。距离-功率法是以电网所有设备和线路的每千公里的成本为依据，通过潮流计算确定某项输电服务的实际距离，按该项输电服务的实际距离和功率计算输电费用。距离-功率法是一种既考虑输电服务的输电功率又考虑输电距离的定价法。这种方法克服了邮费法对距离远近不同的用户同等对待的不公平做法。

（4）边界潮流法。边界潮流法是以输电服务引起的电网边界潮流变化为依据，通过计算电网的潮流，根据潮流分布按各电压等级功率或电量的来源比例分摊输电成本费用。这种方法由于考虑了各项输电服务对电网各支路潮流分布的影响，计算较为精确。

（5）逐线计算法。逐线计算法是考虑输电服务对电网每条线路潮流的影响，结合线路的长度，分别计算有无输电服务时各支路的潮流，以此为依据计算输电费用。

2. 长期边际成本法

长期边际成本是将电网经营企业在提供输电服务时引起电网将来投资成本的长期微增变化为依据计算输电服务费用。这种方法比较适合于长期批量功率交换时输电价格的确定。在这种定价方法中，输电费用由两部分组成：长期边际容量成本和长期边际运行成本。其中长期边际容量成本是指由于输电服务致使电网经营企业扩展网络所需要的成本；长期边际运行成本是指电网运行维护成本的边际变化。

长期边际成本法又分为标准长期边际成本法和长期全边际成本法。标准长期边际成本法使用传统的规划计算程序，确定转运所需网络扩展的部分，如果所研究的电网具有多个输电服务业务，则针对每项输电服务业务需要分别对长期边际容量成本和长期边际运行成本进行精确分配。长期全边际成本法认为输电服务业务不能使用电网中现存的剩余容量，而必须通过输电服务所需的路径扩展网络以提供输电服务所需要容纳的转运电能，如果所研究的电网具有多个输电服务业务，则需要针对每项输电服务业务分别计算所需扩展的部分，在此基础上计算输电服务费用。在长期全边际成本法中不存在成本分配问题。

长期边际成本法无论是标准边际成本法，还是长期全边际成本法，均依赖于对长期成本和功率的测算，由于这些数据的高度不精确性导致了长期边际成本法的易变。

3. 短期边际成本法

短期边际成本法不考虑固定资产的折旧和回报等，仅考虑电网提供输电服务时引起电网运行成本的微增变化。在这种定价方法中，输电费用由两部分组成：边际运行费用和收支协调费用。边际运行费用是指电网承担输电服务后对运行成本产生的边际影响。这里运行成本包括网损、燃料成本、发电机和输电线路的功率约束成本等，其中功率约束成本反映了系统重新调度的费用或扩建费用。收支协调费用是由于根据短期边际运行成本收取输电费用时，其收入可能超过或不足电网的实际支出，所以通常需要进行收支平衡，使得总的输电费用可以补偿电网的容量成本和运行成本，即补偿电网的综合成本。这种补偿可以在全网范围内进行，也可以逐条线路进行。

长期边际成本法和短期边际成本法要区别不同情况使用。由于输电费用与输送电量、输电时间、负荷性质、结算周期等因素直接相关，如果签订长期输电合同，结算时需要考虑电网设施投资的回收，此时应采用长期边际成本作为计算输电费用的依据。如果是短期转供或是为了给用户一个明确的电网运行状态的消息，促使用户采用相应的措施，从而缓解电网运行的紧张状况，此时应采用短期边际成本法计算输电费用。

4. 新电力体制改革后我国输配电价

根据国家发展和改革委员会发出的《关于深圳市开展输配电价改革试点的通知》规定，由广东省发展改革委员会根据成本加收益的方式核定电网企业的总收入，对其进行监管，同时开设平衡账户，电网企业输配电收入超出准许收入的部分，将进入平衡账户，若有不足则由平衡账户中补足，以此调节电网企业的总收入。另外，对输配电价进行监管，按“成本＋收益”管制方式确定。此举彻底打破了现行电网企业依靠买卖电获取差价的盈利模式，将电网的收入规定在一个合理的范围之内。

上述试点的定价方法，首次按“准许成本＋合理收益”方法测算制定独立、明晰的电网输配电价，在我国电力体制改革中是一个突破，必将成为我国今后电力体制改革的发展方向。

第四节　销售电价的制定和定价策略

一、销售电价的制定

按照国家发展和改革委员会 2005 年 3 月发布的《销售电价管理暂行办法》的规定，销售电价分类改革的目标是分为居民生活用电、农业生产用电、工商业及其他用电价格三类。

居民生活、农业生产用电实行单一制电度电价。工商业及其他用户中，受电变压器容量在 100kV・A 或用电设备装接容量 100kW 及以上的用户实行两部制电价；受电变压器容量或用电设备装接容量小于 100kV・A 的用户实行单一电度电价，条件具备的也可以实行两部制电价。

两部制电价由电度电价和基本电价构成。电度电价是指按用户用电度数计算的电价；基本电价是指按用户用电容量计算的电价，基本电价按变压器容量或按最大需量计费，由用户选择，但在一年之内保持不变。基本电价按最大需量计费的用户应与电网企业签订合同，按合同确定值计收基本电费，如果用户实际最大需量超过核定值的 5%，超过 5%部分的基本电费加倍收取。用户可根据用电需求情况，提前半个月申请变更下一个月的合同最大需量，电网企业不得拒绝变更，但用户申请变更合同最大需量的时间间隔不得少于 6 个月。

实行两部制电价的用户，按国家有关规定同时实行功率因数调整电费办法。销售电价实行峰谷、丰枯和季节电价，具体时段划分及差价依照所在电网的市场供需情况和负荷特性确定。具备条件的地区，销售电价可实行高可靠性电价、可中断负荷电价、节假日电价、分档递增或递减电价等电价形式。

当下我国电力体制改革正进入关键时期，售电侧放开，成立独立的售电公司将是今后的趋势，因此，当售电侧放开时，售电公司的售电电价也应放开，各售电公司将根据相关规定独立制定自己的销售电价。

二、销售电价策略

售电企业为达到特定的电力营销目标，要制定相应的销售电价策略。在电力市场营销中，销售电价策略非常重要，决定着售电企业在市场上能否取得经营成功。销售电价策略主要包括两部制电价策略、峰谷分时电价策略、丰枯季节电价策略、功率因素调整电价策略和可靠性电价策略等。

（一）两部制电价策略

现行电价的计价方式分为一步制电价和两部制电价两种。一步制电价是指按用户所消耗的电量直接按相应电价计算电费。一步制电价主要用于生活照明电价、非工业电价、普通工业电价和农业生产电价。具体见表 8-1。

表 8-1　电价制度表

<table>
<tr><th colspan="3">电价分类</th><th>计价方式</th></tr>
<tr><td rowspan="5">电价制度</td><td colspan="2">生活照明电价</td><td rowspan="4">一步制电价（电度电价）</td></tr>
<tr><td rowspan="4">动力用电</td><td>非工业电价</td></tr>
<tr><td>普通工业电价</td></tr>
<tr><td>农业生产电价</td></tr>
<tr><td>大工业电价（320kV·A 以上）</td><td>两部制电价（电度电价+基本电价）</td></tr>
</table>

两部制电价策略是指将电价分为基本电价和电度电价两部分，其中基本电价与容量有关，代表容量成本；电度电价与电量有关，代表电量成本。分别对用户按电度电价和基本电价收取电费，以达到提高负荷利用率，合理负担电能使用费用的目的。两部制电价主要用于大工业电价（320kV·A 以上）。实行两部制电价具有以下优点：

（1）有利于电力用户提高设备利用率，减少不必要的设备容量。由于两部制电价将电价分为基本电价和电度电价，使用户既要关心设备所使用的电量，又要关心设备本身的容量，有利于电力用户合理购置与安装设备，减少不必要的设备容量。

（2）有利于电力企业降低电能损耗，提高负荷利用率。由于两部制电价可以减少不必要的设备容量，提高电力用户的设备利用率，从而可以改善电网的功率因数，提高负荷利用率。

（3）有利于合理负担电能使用费用，保证电力企业的合理收入。实行两部制电价，其中基本电价直接与电力用户的设备容量有关，如果用户设备的利用率越高，每月支付的平均电价就越低，反之越高。这不仅有利于电力用户合理负担电能使用费用，而且可以保证电力企业的合理收入。

（二）峰谷分时电价策略

电力系统负荷总是处于变动状态。从日负荷曲线可以看出，用电有高峰和低谷之分，一般在早晨和傍晚会出现负荷的峰值，而负荷低谷则出现在 22：00 以后到次日凌晨。为了平衡电力系统的负荷，有效地利用电力设备，应充分发挥电价的经济杠杆作用，实行峰谷分时电价策略。

峰谷分时电价策略是指依据日负荷的变化，将每天 24h 分为低谷时段、高峰时段和正常时段，对低谷时段用电的用户给以价格上的优惠，鼓励用户在低谷时用电，而对高峰时段用电的用户，不论基本电价还是电能电价，均高于正常时段的电价，从而起到限制高峰时段的用电需求。

关于峰谷时段的划分，不同的电网可根据日负荷特点进行划分。多数电网为保证高峰、低谷时段的合理性，采用将每天 24h 分为高峰、正常和低谷三个时段，每段时间为 8h。一般高峰时段在上午和晚上，低谷时段在后半夜。根据每个电网所处的地理位置不同，在具体选择时段上会有所不同，如京、津、唐电网的高峰时段为08：00～11：00，18：00～23：00；低谷时段为夜间23：00至次日凌晨07：00；其他时间为正常时段。

目前，我国各电网除贵州、云南、安徽外都实行了峰谷分时电价策略，执行峰谷分时电价的销售电量约3500亿kW·h，占全国总售电量的约40%。

（三）丰枯季节电价策略

一般在水电比重较大的电网实行丰枯季节电价策略，其目的是提高电力系统的负荷率，减少水电站的弃水量。

丰枯季节电价策略是依据季节和来水量将电价分为丰水期电价和枯水期电价，丰水期电价一般比现行电价低，以鼓励用户在丰水期间用电；枯水期电价一般比现行电价高，以限制用户在枯水期间用电，最终起到平衡电力系统负荷的作用。

一般丰水期电价可比现行电价低30%～50%；枯水期电价可比现行电价高30%～50%。

目前，我国部分水电较多的省份实行了丰枯季节电价，执行丰枯季节电价的销售电量约480亿kW·h，占全国总销售电量的约5%。

（四）功率因数调整电价策略

1. 功率因数的基本概念

电力负荷分为有功负荷和无功负荷。有功负荷主要是指供给能量转换中的有效消耗，如将电能转变为化学能、热能、机械能等。无功负荷主要是指供给电气设备及供电设备的电感负载交变磁场的消耗。一般要求无功功率越小越好。

所谓功率因数一般也称为利率，是有功功率与视在功率的比，用 $\cos\varphi$ 表示。计算公式如下

$$\cos\varphi=\frac{P}{S} \tag{8-9}$$

式中 $\cos\varphi$——功率因数；

P——有功功率；

S——视在功率；

φ——功率因数角。

视在功率是指用电流表、电压表测量出交流电路中的电流有效值及元件两端的电压有效值的乘积，是在不考虑相位的情况下电压和电流的乘积，单位为kV·A。视在功率包括有功功率和无功功率。有功功率是指直接用于设备做功的那部分功率，是同相电流和电压的乘积，单位为kW。如使灯发亮，使电机转动，使电子电路工作等都是有功功率的消耗。无功功率是指储存在电路中不直接做功的那部分功率。

由式（8-9）可见，在一定的电压和电流条件下，有功功率与功率因数成正比，功率因数越高，有功功率就越高。提高功率因数是提高用电设备利用率的有效途径。

2. 功率因数的基本规定

我国现行的《功率因数调整电费办法》根据各类用户不同的用电性质及功率因数可能达到的程度，分别给予规定。

（1）功率因数标准0.90。功率因数标准0.90适用于160kV·A（kW）以上的高压供电工业用户、320kV·A（kW）及以上的高压供电电力排灌站、装有带负荷调整电压装置的

高压供电电力用户。

（2）功率因数标准0.85。功率因数标准0.85适用于100kV·A（kW）及以上的工业用户、100kV·A（kW）及以上的非工业用户和电力排灌站，以及大工业用户未划由电力企业经营部门直接管理的趸售用户。

（3）功率因数标准0.80。功率因数标准0.80适用于100kV·A（kW）及以上的农业用户和大工业用户划由电力企业经营部门直接管理的趸售用户。

3. 功率因数的计算

功率因数的计算分以下几种情况进行：

（1）凡是实行功率因数调整电费的用户，应装设带有防倒装置的无功电度表，按用户每月实用有功电量和无功电量，计算月平均功率因数。

（2）凡装有无功补偿设备的且有可能向电网倒送无功电量的用户，应随其负荷和电压变动及时投入或切除部分无功补偿设备，售电企业应在计费计量点加装带有防倒装置的反向无功电度表，按倒送的无功电量与实用无功电量两者的绝对值之和，计算月平均功率因数。

（3）根据电网需要，对大用户实行高峰功率因数考核，加装记录高峰时段内有功、无功电量的电度表，据以计算月平均高峰功率因数。部分用户根据需要还可试行高峰、低谷两个时段分别计算功率因数。

4. 功率因数调整电价策略

功率因数调整电价策略是指根据计算的用户实际功率因数，当实际功率因数高于或低于规定的标准功率因数时，应按照功率因数调整电费表对用户按规定计算的电费进行调整，从而限制用户无功功率的消耗。其中，功率因数调整电费表见表8-2～表8-4。

表8-2　以0.90标准值的功率因数调整电费表

<table>
<tr><th>实际功率因数</th><th>月电费减少（%）</th><th>实际功率因数</th><th>月电费增加（%）</th><th>实际功率因数</th><th>月电费增加（%）</th><th>实际功率因数</th><th>月电费增加（%）</th></tr>
<tr><td>1.00</td><td rowspan="6">0.75</td><td>0.89</td><td>0.5</td><td>0.78</td><td>6.0</td><td>0.67</td><td>13.0</td></tr>
<tr><td>0.99</td><td>0.88</td><td>1.0</td><td>0.77</td><td>6.5</td><td>0.66</td><td>14.0</td></tr>
<tr><td>0.98</td><td>0.87</td><td>1.5</td><td>0.76</td><td>7.0</td><td>0.65</td><td>15.0</td></tr>
<tr><td>0.97</td><td>0.86</td><td>2.0</td><td>0.75</td><td>7.5</td><td colspan="2" rowspan="8">功率因数自0.64以下，每降低0.01，电费增加2%</td></tr>
<tr><td>0.96</td><td>0.85</td><td>2.5</td><td>0.74</td><td>8.0</td></tr>
<tr><td>0.95</td><td>0.84</td><td>3.0</td><td>0.73</td><td>8.5</td></tr>
<tr><td>0.94</td><td>0.60</td><td>0.83</td><td>3.5</td><td>0.72</td><td>9.0</td></tr>
<tr><td>0.93</td><td>0.45</td><td>0.82</td><td>4.0</td><td>0.71</td><td>9.5</td></tr>
<tr><td>0.92</td><td>0.30</td><td>0.81</td><td>4.5</td><td>0.70</td><td>10.0</td></tr>
<tr><td>0.91</td><td>0.15</td><td>0.80</td><td>5.0</td><td>0.69</td><td>11.0</td></tr>
<tr><td>0.90</td><td>0.0</td><td>0.79</td><td>5.5</td><td>0.68</td><td>12.0</td></tr>
</table>

表 8-3　以 0.85 标准值的功率因数调整电费表

<table>
<tr><th>实际功率因数</th><th>月电费减少（%）</th><th>实际功率因数</th><th>月电费增加（%）</th><th>实际功率因数</th><th>月电费增加（%）</th></tr>
<tr><td>1.00</td><td rowspan="7">1.1</td><td>0.84</td><td>0.5</td><td>0.68</td><td>8.5</td></tr>
<tr><td>0.99</td><td>0.83</td><td>1.0</td><td>0.67</td><td>9.0</td></tr>
<tr><td>0.98</td><td>0.82</td><td>1.5</td><td>0.66</td><td>9.5</td></tr>
<tr><td>0.97</td><td>0.81</td><td>2.0</td><td>0.65</td><td>10.0</td></tr>
<tr><td>0.96</td><td>0.80</td><td>2.5</td><td>0.64</td><td>11.0</td></tr>
<tr><td>0.95</td><td>0.79</td><td>3.0</td><td>0.63</td><td>12.0</td></tr>
<tr><td>0.94</td><td>0.78</td><td>3.5</td><td>0.62</td><td>13.0</td></tr>
<tr><td>0.93</td><td>0.95</td><td>0.77</td><td>4.0</td><td>0.61</td><td>14.0</td></tr>
<tr><td>0.92</td><td>0.80</td><td>0.76</td><td>4.5</td><td>0.60</td><td>15.0</td></tr>
<tr><td>0.91</td><td>0.65</td><td>0.75</td><td>5.0</td><td rowspan="7" colspan="2">功率因数自 0.59 以下，每降低 0.01，电费增加 2%</td></tr>
<tr><td>0.90</td><td>0.5</td><td>0.74</td><td>5.5</td></tr>
<tr><td>0.89</td><td>0.4</td><td>0.73</td><td>6.0</td></tr>
<tr><td>0.88</td><td>0.3</td><td>0.72</td><td>6.5</td></tr>
<tr><td>0.87</td><td>0.2</td><td>0.71</td><td>7.0</td></tr>
<tr><td>0.86</td><td>0.1</td><td>0.70</td><td>7.5</td></tr>
<tr><td>0.85</td><td>0.0</td><td>0.69</td><td>8.0</td></tr>
</table>

表 8-4　以 0.80 标准值的功率因数调整电费表

<table>
<tr><th>实际功率因数</th><th>月电费减少（%）</th><th>实际功率因数</th><th>月电费增加（%）</th><th>实际功率因数</th><th>月电费增加（%）</th></tr>
<tr><td>1.00</td><td rowspan="9">1.1</td><td>0.79</td><td>0.5</td><td>0.58</td><td>12.0</td></tr>
<tr><td>0.99</td><td>0.78</td><td>1.0</td><td>0.57</td><td>13.0</td></tr>
<tr><td>0.98</td><td>0.77</td><td>1.5</td><td>0.56</td><td>14.0</td></tr>
<tr><td>0.97</td><td>0.76</td><td>2.0</td><td>0.55</td><td>15.0</td></tr>
<tr><td>0.96</td><td>0.75</td><td>2.5</td><td rowspan="17" colspan="2">功率因数自 0.54 以下，每降低 0.01，电费增加 2%</td></tr>
<tr><td>0.95</td><td>0.74</td><td>3.0</td></tr>
<tr><td>0.94</td><td>0.73</td><td>3.5</td></tr>
<tr><td>0.93</td><td>0.72</td><td>4.0</td></tr>
<tr><td>0.92</td><td>0.71</td><td>4.5</td></tr>
<tr><td>0.91</td><td>1.15</td><td>0.70</td><td>5.0</td></tr>
<tr><td>0.90</td><td>1.0</td><td>0.69</td><td>5.5</td></tr>
<tr><td>0.89</td><td>0.90</td><td>0.68</td><td>6.0</td></tr>
<tr><td>0.88</td><td>0.80</td><td>0.67</td><td>6.5</td></tr>
<tr><td>0.87</td><td>0.70</td><td>0.66</td><td>7.0</td></tr>
<tr><td>0.86</td><td>0.60</td><td>0.65</td><td>7.5</td></tr>
<tr><td>0.85</td><td>0.50</td><td>0.64</td><td>8.0</td></tr>
<tr><td>0.84</td><td>0.40</td><td>0.63</td><td>8.5</td></tr>
<tr><td>0.83</td><td>0.30</td><td>0.62</td><td>9.0</td></tr>
<tr><td>0.82</td><td>0.20</td><td>0.61</td><td>9.5</td></tr>
<tr><td>0.81</td><td>0.10</td><td>0.60</td><td>10.0</td></tr>
<tr><td>0.80</td><td>0.00</td><td>0.59</td><td>11.0</td></tr>
</table>

按功率因数调整电费表中规定的百分数增减电费。如用户的功率因数在功率因数调整电费表所列的两数之间，则应四舍五入计算。

（五）可靠性电价策略

可靠性电价策略是指根据用户对供电可靠性的不同要求，对选择了一定可靠性的用户给予不同的电价。一般用户对供电要求的可靠性越高，电价水平越高；反之，对供电要求的可靠性越低，电价水平越低。

实施可靠性电价策略一般要做好以下两个方面的工作：

1. 依据对可靠性的要求对用户进行分类

由于不同的用户对供电可靠性的要求不同，可以根据用户对供电可靠性要求的不同对用户进行分类。一般将用户分为三类：

（1）一类用户。一类用户是关系国计民生的重要用户，这类用户对供电的可靠性要求很高，一般不允许停电或限电，如果发生供电中断，将会导致人身伤亡、设备损坏、社会秩序混乱以及重大的经济损失等。

（2）二类用户。二类用户也是比较重要的用户，这类用户对供电的可靠性要求较高，如果中断供电，将会导致生产停工，产品报废，交通堵塞，以及较大的经济损失。

（3）三类用户。三类用户是指一类、二类用户以外的所有其他用户。这类用户对供电的可靠性要求较低，如果中断供电，所造成的损失不大。

2. 对可靠性要求不同的用户分别采取不同的电价

由于不同的用户对可靠性的要求不同，可靠性要求高的用户，售电企业必须保证供电的可靠性，尤其在负荷高峰时，要保证用户供电不中断，就需采取一定的调峰措施，售电企业所付出的代价就高，因此，对这类用户的电价应适当提高。相反，对供电可靠性要求不高的用户，可以在高峰时段中断供电，售电企业就应为用户降低供电可靠性所付出的代价给予一定的补偿，此时，电价水平可以适当降低。

采用可靠性电价策略不仅有利于满足不同用户对供电可靠性的要求，而且有利于电价水平的合理化，同时有利于做好电力负荷平衡工作。

- 电价策略
  - 电价概述
    - 电价的概念：电力产品的价格简称电价
    - 电价的构成：电力成本、利润和税金
    - 影响电价的因素：政府政策、科技发展水平、国民经济增长速度、税收利润和汇率水平、电力供需矛盾的影响、电力竞争因素的影响、能源条件的影响、容量造价及折旧率、系统负荷率
    - 电价的特点：电价的复杂性、电网的制约性、影响的广泛性、投资的回收性、一次能源影响性
    - 电价的作用：对电力生产流通消费起着重要调节作用、发挥价格杠杆作用、使电力用户合理负担电力成本、便于计量抄表和收费工作
    - 电价的种类：上网电价、输电电价、销售电价
    - 制定电价的原则：合理补充成本的原则、合理确定收益的原则、依法计入税金的原则、公平负担等价交换的原则
    - 制定电价的一般方法：成本定价法、市场定价法
  - 上网电价的制定和竞价策略
    - 上网电价的制定：按照《上网电价管理暂行办法》的规定，上网电价分为以下两种情况：竞价上网前的上网电价和竞价上网后的上网电价
    - 上网电价的竞价策略：基于预测市场出清价的方法、基于竞争对手的报价策略、基于博弈论的报价策略
  - 输电服务及定价方法
    - 输电服务的种类：点对点输电服务、网络输电服务
    - 输电服务的成本：网络使用费、辅助设施费、管理费
    - 输电服务的定价方法：综合成本法、长期边际成本法、短期边际成本法
  - 销售电价的制定和定价策略
    - 销售电价的制定：按照《销售电价管理暂行办法》分为居民生活用电、农业生产用电、工商业及其他用电价格。其中，工商业及其他用户中受电变压器容量在100kV·A或用电设备容量100kW及以上的用户实行两部制电价，其他实行单一制电度电价
    - 销售电价策略：两部制电价策略、峰谷分时电价策略、丰枯季节电价策略、功率因数电价策略、可靠性电价策略

电价、上网电价、输电电价、销售电价。

思考题

1. 电价由哪些部分构成？
2. 影响电价的因素有哪些？
3. 电价具有什么特点？
4. 不同情况下上网电价是如何制定的？
5. 输电服务的种类有哪些？各有什么特点？
6. 输电服务的成本包括什么？
7. 输电服务的定价方法有哪些？如何理解？
8. 销售电价有哪些策略？每种策略具体如何理解？

第九章 电力销售渠道策略

学习目标

（1）掌握电力销售渠道的定义。
（2）了解影响电力销售渠道选择的因素。
（3）掌握发电市场渠道策略。
（4）掌握售电市场渠道策略。

第一节 电力销售渠道概述

一、电力销售渠道的定义

在市场经济体制下，多数企业不是直接将生产的产品销售给最终消费者，而是通过各种销售渠道，将产品销售到消费者手中。

电力销售渠道是指电力产品从发电环节进入消费领域过程中，由提供电力产品或服务的一系列相互联系的环节所组成的通道，包括发电企业、电网经营企业、售电企业以及电力消费者或电力用户。其中发电企业是电力销售渠道的起点，电力消费者或电力用户是电力销售渠道的终点，电网经营企业和售电企业是电力销售渠道的中间环节，也称中间商。

二、影响电力销售渠道选择的因素

在"四段式"模式下，电力用户具有选择权，可以选择不同的电力供应商，即可以选择发电企业直接供电也可以选择售电企业间接供电。因此，影响电力销售渠道选择的因素主要有电力产品因素和电力市场因素两个方面。

（一）电力产品因素

电力产品因素主要指电价水平、电能特性、电能生产的技术要求等。电力产品作为一种特殊的商品，其电价水平、电能特性和电能生产的技术要求是影响电力销售渠道选择的主要因素。

电价水平的高低是影响电力销售渠道的主要因素，大用户在选择销售渠道时，即选择直接向发电企业购电还是向售电企业购电时，主要通过比较不同销售渠道的电价水平，因此，电价水平因素是影响电力销售渠道选择的主要因素。

电力产、供、销的瞬时性以及电能不能存储的技术特性也是影响电力销售渠道选择的重要因素。由于电力的输送必须依靠一定的输电网络，即电力网。因此，电力销售渠道的选择在很大程度上是由已存在的电力网决定的。电力网的建设是影响电力销售渠道选择的重要因素。

（二）电力市场因素

商品和市场是不可分割的，因此，市场因素对销售渠道选择有重要的影响。电力市场因素主要是指电力用户对服务的要求和电力市场环境因素。

电力大用户对销售渠道成员在服务方面提出的要求主要有：能否为用户提供安全、可靠、经济、合理的电能；能否为用户提供电能使用方面的指导和咨询等。

电力市场环境因素包括与电力市场有关的政治环境、经济环境和自然环境等。与电力市场有关的政治环境主要是指国家的政策法令，尤其是与电力工业相关的法律法规；经济环境主要是指经济发展的状况，人民生活水平等；自然环境主要是指各种自然资源状况、生态环境的保护等。

第二节　电力销售渠道策略

在配电网开放模式下，发电、输电、配电三个环节相分离，各自成为独立的经营实体，三者之间的关系为电力买卖关系。不仅发电企业竞价上网，大用户可以通过电网经营企业直接向发电企业购买电力，而且零售用户也可以自由选择供电商。这种运营模式下形成了如下的发电市场渠道策略和售电市场销售策略。

一、发电市场渠道策略

在配电网开放模式下，发电市场的销售渠道可以选择以下两种方式：一是发电企业直接向大用户供电；二是发电企业将电力销售给电网企业。

（一）发电企业直接向大用户供电

这种电力销售渠道策略是指发电企业将所生产的电力直接销售给电力大用户，由于电力产品的特殊性使得电力在输送时必须经过电力网，因此，电网经营企业要负责转运，大用户需要交纳输电服务费用。其具体如图 9-1 所示。

直接向大用户供电策略具有如下特点：

（1）电力销售渠道的起点是若干发电企业，各发电企业与电力大用户直接签订电力合约实现电力买卖。

（2）由于电力产品的特殊性使电力在输送时必须经过电力网，因此，电力大用户需要向电网经营企业交纳一定的输电服务费用。

（3）电力销售渠道的终点是电力大用户，可见，电力大用户获得了选择供电商的权利。

（二）发电企业将电力销售给电网企业

这种电力销售渠道策略是指发电企业将所生产的电力销售给电网经营企业，发电企业不直接面对电力用户。其具体如图 9-2 所示。

图 9-1　直接向大用户供电策略　　图 9-2　将电力销售给电网企业策略

将电力销售给电网企业策略具有以下特点：

（1）电力销售渠道的起点是若干发电企业，发电企业按照公平竞争的规则实行竞价上网，也可以通过签订合约实现电力买卖。

（2）电力销售渠道的终点是电网经营企业，不直接面向电力用户。

二、售电市场渠道策略

在配电网开放模式下，售电企业成为独立的经营企业，一方面向电网经营公司购买电力，一方面再将电力销售给广大电力用户，售电企业通过买卖电力获得利润。因此，售电市场渠道策略就是售电企业将从电网经营企业购买来的电力销售给广大电力用户。其具体如图 9-3 所示。

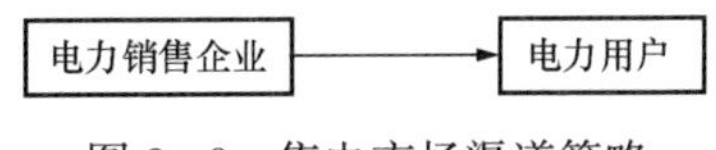

图 9-3　售电市场渠道策略

售电市场渠道策略具有以下特点：

（1）电力销售渠道的起点是售电企业，售电企业通过降低电价或提高服务质量等策略提升市场竞争力。

（2）电力销售渠道的终点是各类电力用户，包括普通电力用户和电力大用户。各类电力用户都具有了选择权。

小　结

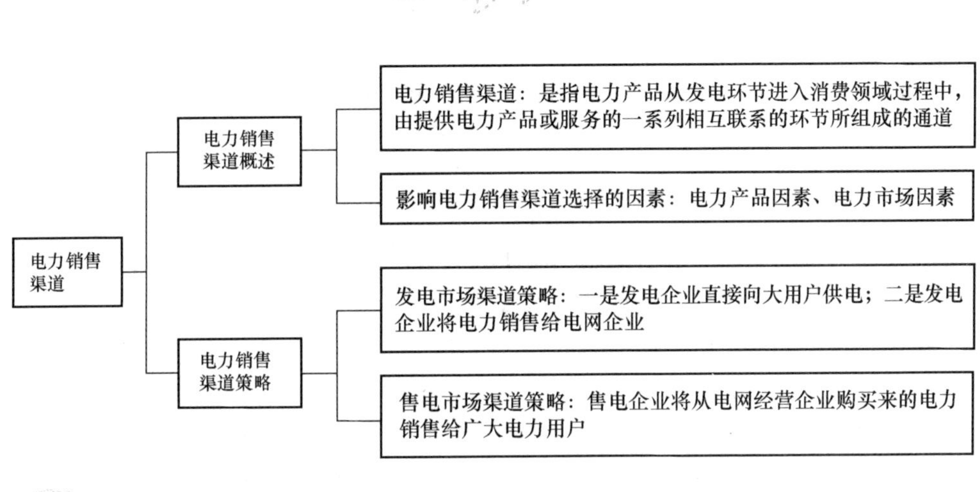

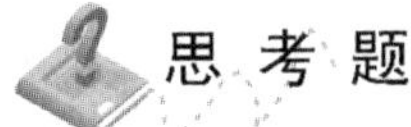

主要概念

电力销售渠道。

思 考 题

1. 影响电力销售渠道选择的因素有哪些？
2. 简述发电市场渠道策略。
3. 简述售电市场渠道策略。

第十章 电力促销策略

学习目标

（1）掌握电力促销的基本概念。
（2）了解电力促销的基本作用和基本原则。
（3）掌握电力促销的基本策略。
（4）掌握发电市场的具体促销策略。
（5）掌握售电市场的具体促销策略。

第一节 电力促销概述

一、电力促销的基本概念

电力促销，也称促进电力销售，是指电力企业以人员和非人员的方式，传递电力产品信息，帮助与说服电力用户购买电力产品，或使电力用户对电力企业产生好感，从而促进电力销售。可见电力促销的基本概念包括以下内容：

（1）电力促销的目的。电力促销的目的是引发、刺激电力用户产生电力购买行为。由于在收入一定的情况下消费者是否产生购买行为，主要取决于消费者的购买欲望，而消费者的购买欲望与外界的刺激和诱导是分不开的。电力促销的目的就是通过各种传播方式将电力产品和电力服务等有关信息传递给电力用户，以激发电力用户的购买欲望。

（2）电力促销的核心。电力促销的核心是沟通。电力用户与电力企业之间达成交易的基本条件是信息的沟通。电力企业只有将有关的电力产品信息和电力服务信息有效地传递给电力用户，才能使电力用户对电力产品和服务有一定的了解，从而产生电力购买欲望。

（3）电力促销的方式。电力促销的方式包括人员推销和非人员推销。人员推销，也称直接促销，是指电力企业通过推销人员向电力用户推销电力产品或服务的一种促销活动。主要适合于比较集中的电力大用户。非人员推销，也称间接促销，是指电力企业通过一定的媒体传递电力产品或服务等有关信息，以促使电力用户产生电力购买欲望，发生电力购买行为的一系列促销活动。包括广告、公共关系和营业推广等。

二、电力促销的基本作用

电力促销是电力市场营销活动中不可缺少的重要组成部分，具有以下基本作用：

（一）传递电力信息，提供相关情报

电力产品的销售是电力市场营销活动的中心任务，信息传递是电力产品销售的重要保证。一般信息传递有单向信息传递和双向信息传递。所谓单向信息传递是指由电力企业发出信息，电力用户接收信息；所谓双向信息传递是指电力买卖双方互通信息，双方都是信息的发出者和接收者。在双向信息传递中，一方面，电力企业向电力用户介绍有关电力企业的情况、电力生产的特点、电能的特点、电价水平以及电力服务方式等信息；另一方面，电力用

户也向电力企业反馈对电能使用的要求、电价水平的高低、电力服务的内容和方式是否满意等有关信息，从而促进电力企业取长补短，更好地满足电力用户的需求。

（二）激发电力需求，促进电力购买

电力促销通过各种手段来刺激电力用户的需要和购买欲望，这既是电力促销的目的，也是电力促销的主要作用。通过电力促销使电力用户产生电力购买行为，或增加电力购买数量等。

（三）指导电力消费，扩大电力销售

在电力促销活动中，电力企业可以通过各种方式向电力用户介绍有关电力市场信息、电力企业信息和电力产品信息等，从一定程度上对电力用户起到了指导电力消费的作用，并在此基础上，帮助电力企业扩大电力销售。

（四）利于企业竞争，改善电力服务

电力促销的各种手段和方式的运用，有利于电力企业展开竞争，为电力用户提供更好的电力产品和服务，满足电力用户的需要。

三、电力促销的基本原则

电力促销要遵循一定的原则，这些原则包括以下几个方面：

（一）遵守电力法律法规

为了保护电力用户的利益，我国制定了许多有关营销和电力方面的法律法规，如《中华人民共和国广告法》《反不正当竞争法》《中华人民共和国电力法》《全国供应电规则》等，在进行电力市场营销中必须遵守这些法规，保证电力市场营销活动的合法开展。

（二）遵守商业道德

电力市场营销活动同其他企业的营销活动一样，除了遵循上述法律法规以外，还必须遵守社会公认的商业道德准则，不能损害电力用户的利益，不能破坏电力企业的形象。

（三）讲究电力促销艺术

电力促销所采用的方式，包括人员推销、广告、公共关系和营业推广等，有着很强的策略性和技巧性。每一种促销方式都要运用各种艺术手段和艺术形式，要根据具体情况，运用合适的艺术手段，使电力促销收到良好的效果。

（四）实事求是，以理服人

电力促销以传递电力信息为主要手段来达到促销的目的，所以必须遵守信息传递的基本原则，即实事求是的原则。要向电力用户传递真实的信息，这样才能做到既保护了电力用户的利益，又为电力企业树立了良好的形象。

第二节 电力促销基本策略

一、人员推销

（一）人员推销的基本概念

人员推销是指电力企业通过派出销售人员与可能成为电力购买者的用户进行交谈，促进和扩大电力销售。电力企业可以采取多种形式开展人员推销，既可以建立自己的销售队伍，使用电力企业自己的销售人员来推销电力产品，也可以使用合同销售人员推销电力产品。

电力销售人员的工作任务是：积极寻找和发现更多的可能的电力用户；把关于电力产品和服务方面的信息传递给现有的及潜在的用户；运用推销技术，千方百计推销电力产品；向电力用户提供各种电力服务，如向电力用户提供电力咨询服务，帮助电力用户解决某些电力技术问题等；经常向电力企业报告访问推销活动情况，并进行电力市场调查和收集电力市场情报等。

（二）人员推销的特点

人员推销策略具有广告和公共关系等其他促销形式所无法比拟的优势。具体讲有以下特点：

（1）信息的双向沟通。在人员推销过程中，信息的沟通是双向的。一方面，电力推销人员向电力用户介绍相关的信息，包括电力产品信息、电力市场的信息、电力技术信息等；另一方面，电力推销人员通过与电力用户的接触，获得电力需求方的信息，包括对电力产品的反应、对电力企业的反应，对推销人员态度的反应等信息。

（2）推销的双重目的。人员推销具有双重目的：一是满足需求；二是推销产品。人员推销首先是为了满足用户的电力需求，这是首要目的。同时，只有在满足用户电力需求的基础上才能实现推销电力产品的目的，因此，推销电力产品是人员推销的又一目的。

（3）需求的多样满足。人员推销可以对电力用户的需求实现多样满足。首先，通过推销人员有针对性地介绍、宣传电力产品，满足电力用户对电力产品信息的需求；其次，通过为电力用户提供售前、售后服务，满足电力用户在电力技术和电力服务方面的需求；最后，通过推销人员礼貌、真诚、热情的服务，满足电力用户心理上的需求。

（4）灵活的推销方式。人员推销具有很好的灵活性，电力推销人员可以通过交谈的方式，掌握电力用户的心理，并从对方感兴趣的角度介绍电力产品，以吸引电力用户注意。当用户出现疑虑时，迅速解答疑难、排除顾虑；当用户出现购买动机时，抓住机遇、促成购买。

（5）广泛的人员参与。人员推销不仅需要推销人员参与，实际上还需要电力企业有关领导的决策、电力生产技术人员的指导、电力市场信息人员的参与等。

（三）人员推销的要求

对推销人员的要求分为以下五个方面：

（1）道德品质方面。要求推销人员遵纪守法，忠诚于电力事业；能吃苦耐劳，任劳任怨；遵守商业道德，有良好的敬业精神。

（2）文化知识方面。要求推销人员具有专门的电力市场营销方面的理论和知识，能熟练地运用电力市场营销的相关知识处理推销过程中出现的问题。

（3）业务技能方面。要求推销人员能熟练地掌握电力企业的基本情况、电力产品的有关情况、电力市场的有关情况等。

（4）心理素质方面。要求推销人员具有感召力，即善于从用户角度考虑问题，并使用户接受自己；要求推销人员具有自信力，让用户感到自己的购买决策是正确的；要求推销人员具有挑战力，即具有视各种异议、拒绝或障碍为挑战的心理；要求推销人员具有自我驱动力，即具有完成电力销售任务的强烈欲望。

二、广告

（一）广告的基本概念

广告是广告主通过特定的广告媒体，向传播对象传播商品、劳务、观念等方面的信息，以期达到一定的广告目的的一种信息传播活动。

从广告的定义可以看出广告有五个要素：

（1）广告传播者。指广告主，即电力企业。

（2）广告传播媒体。即广告媒体，包括电视、广播、报纸、杂志、销售现场和网络等媒体。

（3）广告传播内容。指商品、劳务、观念等方面的信息。

（4）广告受传者。指广告传播的对象，即电力消费者或电力用户。

（5）广告传播目的。促进电力销售，树立良好的电力企业形象。

（二）广告的分类

为了加深对广告的认识，可以将广告按照不同的标志进行分类。

1. 按广告覆盖地区划分

按广告覆盖的地区划分，广告可以分为国际性广告、全国性广告、区域性广告和地区性广告等。

一般涉及国际市场的广告属于国际性广告；涉及全国市场的广告属于全国性广告；涉及某一行政大区的广告属于区域性广告；涉及某一城市的广告属于地区性广告。

由于电力产品的特殊性，电力企业的广告一般多属于区域性或地区性广告，当然为了扩大电力公司的影响，也可采用全国性广告，对少数实现跨国联网的电力公司，也会涉及国际性广告。

2. 按广告对象划分

按广告对象划分，广告可以分为居民用电广告、工业用电广告、非工业用电广告和农业用电广告等。

居民用电广告是指广告的对象是一般的城镇居民；工业用电广告是指广告的对象是一般的工业用户；非工业用电广告是指广告的对象是非工业用户；农业用电广告是指广告的对象是农业用户。

3. 按广告的内容划分

按广告的内容划分，广告可以分为电力产品广告、电力企业广告和电力观念广告。

电力产品广告是指介绍电力产品信息的广告；电力企业广告是指介绍电力企业信息的广告；电力观念广告是指介绍电力消费观念的广告。

4. 按广告的设计制作划分

按广告的设计制作划分，广告可以分为报道式广告、劝告式广告、指名式广告、心理式广告和比较式广告等。

采用电视新闻报道形式的广告属于报道式广告；采用劝告式语气的广告属于劝告式广告；将电力产品名称直接指出的广告属于指名式广告；采用一定的技巧，紧紧抓住电力用户心理的广告属于心理式广告；设计广告词语中有意与某一竞争对手的广告相对应，具有竞争性语气的广告叫比较式广告。

5. 按广告媒体划分

按广告媒体划分，广告可以分为印刷品广告、电波广告、户外广告、交通广告、销售现场广告和网络广告等。

以报纸、杂志以及自行印刷的小报等印刷品作为广告媒体的都属于印刷品广告；以广播、电视等电波媒体作为广告媒体的属于电波广告；以户外路牌、标志等户外媒体作为广告媒体的属于户外广告；以出租车、公共汽车、火车等交通工具作为广告媒体的属于交通广告；以销售现场所作的广告属于销售现场广告；以网络媒体所作的广告属于网络广告。

（三）广告的作用

在电力市场中，广告作为一种有偿的信息传播活动，在电力营销活动中起着越来越重要的作用。

（1）传递电力信息，沟通供求关系。广告最基本的任务就是传递电力产品信息，通过各种广告媒体，将电能的特点、用途、质量、价格及使用和服务等信息传递给电力消费者和电力用户。在传递的过程中，一方面，电力用户可以从广告中获得相关的电力信息；另一方面，电力企业也可以从广告中获得电力市场供求状况的信息。

（2）指导电能消费，促进电力销售。广告的目的在于导致消费，促进消费，因此有人称广告是“一种促销魔术”。电力企业通过真实、生动、新颖、形象的广告，可以吸引电力用户广泛使用电能。同时通过广告宣传，可以提高电力企业的知名度，在用户中树立良好的形象，促进电力销售。

（3）指导电能消费，促进电力生产。电力企业通过广告宣传，介绍电能的有关知识，正确引导电力用户对电能的消费，既满足了电力用户的需求，同时促进了电力生产。

（4）创立企业声誉，利于市场竞争。随着电力市场的建立，电力市场的竞争成为必然的趋势。电力企业只有充分利用广告这一有效的竞争手段，通过宣传电能的有关信息及电力企业的良好服务，才能在公众中创立良好的企业声誉，从而使电力企业在电力市场竞争中处于有利的地位。

（四）广告媒体

广告必须依附在一定的媒介物上才能起到传播效果，这个媒介物就是广告媒体。所谓广告媒体就是广告主与广告对象之间起媒介作用的载体。它是沟通广告主与广告对象之间信息的桥梁。

广告媒体虽然多种多样，但作为一种发布信息的物质技术手段，一般具有以下功能：

（1）传递功能。传递信息是广告媒体的一种基本功能，广告媒体就是要根据广告主的要求，准确、适时地传递广告信息，从而引导电力用户接受广告内容，激发电力购买行为。

（2）吸引功能。广告媒体的另一主要功能是吸引功能，广告媒体只有具有一定的吸引力，才能引起广大电力用户的注意力，才能将广告内容传递到更广的市场范围。

电力企业所使用的广告媒体主要有报纸、杂志、电视和广播，通常这四种广告媒体被称为四大广告媒体。另外，销售现场广告也日益受到重视，随着网络技术的发展，网络也逐渐成为广告的一种重要媒体。下面分别介绍四大广告媒体以及销售现场媒体和网络媒体的优缺点。

1. 报纸

报纸是四大广告媒体中最早发布广告的媒体，是一种传统的广告媒体。报纸作为广告媒体的优点是：

（1）发行量大、覆盖面广。报纸的普及率很高，而且发行量大，因此，采用报纸作为广告媒体覆盖面广。

(2) 信息传播及时。一般读者大多可以阅读当天的报纸，阅读的普及性大，信息传播及时。

(3) 制作简单、灵活。报纸作为广告媒体，在进行信息传播时，采用文字的形式，因此制作简单、灵活。

(4) 制作费用低。相对于其他广告媒体来讲，在报纸上作广告制作简单，制作费用较低。

但报纸作为广告媒体也有局限性，主要表现在：

(1) 接触时间短。报纸多为日报，当天阅读后一般不再翻阅，公众接触的时间短暂，对广告内容留下的印象不深。

(2) 阅读效果不理想。报纸主要刊登新闻，广告与新闻刊登在一起，会影响阅读效果。同时报纸刊登广告大都无色彩，又不精致，因此表达效果差。

2. 杂志

杂志也是广告的主要媒体之一，是信息传播的一种有效手段。杂志作为广告媒体具有以下优点：

(1) 针对性强。杂志的专业性强，因此作为广告媒体针对性强。

(2) 阅读效果较好。杂志的持续时间长，视觉集中，同时印刷精致，因此阅读效果较好。

(3) 宣传区域大。杂志的发行面广，使信息的宣传区域广。

但是杂志作为广告媒体也有其缺点：

(1) 预备时间长。杂志较报纸来讲，预备时间长，因而影响广告的传播速度。

(2) 接触对象不广泛。杂志的专业性强，使接触对象不够广泛，而且一旦选错杂志，则不会产生宣传效果。

3. 电视

电视作为一种现代广告媒体，虽然起步较晚，但由于其独特的优势，发展非常迅速。电视作为广告媒体的优点是：

(1) 效果形象生动。电视作为广告媒体，综合了文字、图像、声音和色彩，能将公众的听觉、视觉同时调动起来，容易引起公众的兴趣，效果形象生动。

(2) 信息传播速度快、范围广。电视同广播一样具有传播迅速的优点，同时随着电视的普及，很多情况下，电视传播的信息可以达到较广的范围。

(3) 表现手法多样。电视集各种艺术手段和各种媒体之长，因而传播信息的手法多样，具有良好的效果，深受公众的欢迎。

正是基于上述优点，电视已经成为许多企业首选的广告媒体。但同时电视作为广告媒体存在以下不足：

(1) 播放时间短。电视同广播一样，播放时间短，而且无法保留信息资料，信息消失得快。

(2) 制作、播放费用高。电视制作较其他媒体费用要高得多，并且由于电视播放的设备复杂，播放费用高。

(3) 缺乏针对性。电视以娱乐为主要功能，广告只是穿插在各种娱乐节目之间，并且电视面向公众，缺乏针对性。

4. 广播

广播也是一种发展较早的广告媒体，广播是以电波的形式传播声音，发送和接收信息的电子类大众传播媒介。广播作为广告媒体具有以下优点：

（1）信息传播迅速、及时。广播作为信息传播工具较印刷类媒介传播速度快。

（2）信息传播覆盖面广。由于收音机的普及率很高，因而广播传播的信息覆盖面广，覆盖率高。

（3）通俗易懂。广播通过语言传播信息，有较强的说服力和感染力。同时，听众不受文化程度的限制，通俗易懂，社会适应面广。

（4）制作容易。广播广告采用语言传播信息，节目的制作要比电视和印刷类广告容易。

（5）制作、播放费用低。由于广播采用语言播放广告，制作费用低，同时广播接收的设备简单，信息传播的费用也低。

广播作为广告媒体也有一定的缺点：

（1）缺乏吸引力。广播所传播的信息受时间和节目顺序的限制，听众无法根据自己的需要灵活选择，只能被动接收既定节目，使许多公众不愿意收听广播。同时，广播所传播的信息只有声音，没有文字和图像，社会公众对所传播的信息注意力不如电视和印刷类媒介。

（2）信息传播效果有限。广播传播的信息转瞬即逝，收听稍不留意，便无法追寻，不利于听众保存广播所传播的信息资料，使广播的信息传播效果有限。同时，由于广播的听众分散，传播效果难以测定，影响了广播传播的评估和调整。

广播的上述缺点，加上近几年电视和印刷品广告媒体的巨大冲击，造成了广播媒体传播效果的不断下降。

5. 销售现场广告

销售现场广告是指在电力企业的营业大厅中进行广告宣传。销售现场广告的优点是：

（1）持续时间相对较长。在销售现场进行广告宣传，相对其他广告媒体持续的时间较长。

（2）便于差别性认识。不同的销售现场广告对电力用户来讲，既是一种广告宣传，同时也对销售现场起到加深印象的作用。

（3）美化销售现场的环境。销售现场广告做得好，可以美化现场环境，起到无声推销员的作用，促进电力销售。

销售现场广告的缺点是：如果广告设计陈旧，会起到负面作用。特别是销售现场小，广告太多，会使人感到拥挤，影响销售效果。

6. 网络广告

网络广告是指运用专业的广告横幅、文本链接、多媒体的方法，在互联网刊登或发布广告，通过网络传递到互联网用户的一种高科技广告运作方式。与传统的四大广告媒体相比，网络广告具有得天独厚的优势，是实施现代营销媒体战略的重要一部分。网络广告具有以下优点：

（1）传播范围广。网络广告的传播范围极其广泛，不受时间和空间的限制，可以通过互联网把广告信息 24h 不间断地将信息传播到世界各地。

（2）交互性强。在网络上，当受众对某一电力企业的广告发生兴趣时，可以直接进入该企业的主页，详细了解电力企业和电力产品的信息。而电力用户也可以随时将信息反馈给电力企业。

（3）针对性明确。网络广告目标群确定，由于进入者即为有兴趣者，所以可以直接命中潜在用户。

（4）受众数量能准确统计。利用传统媒体做广告，很难准确地知道有多少人接收到广告信息，而在互联网上可以通过权威公正的访客流量统计系统，精确统计出每个广告被多少个用户看过，以及这些用户查阅的时间分布和地域分布，有助于电力企业正确评估广告效果，制定广告投放策略。

三、公共关系

（一）公共关系的基本含义

公共关系是现代社会发展的产物。所谓公共关系是指一个组织，以公众利益为出发点，通过有效的管理与双向信息沟通，建立和完善各种社会关系，塑造本组织的良好形象，以实现组织的最终目标。从公共关系的定义可以看出，公共关系有以下几个要点：

（1）公共关系由三个要素组成。公共关系的主体是各类社会组织，在电力市场营销中，主体是电力企业；公共关系的客体是与各类社会组织密切相联系的各种社会公众，在电力市场营销中就是指电力用户；公共关系的主要手段是双向信息沟通。

（2）公共关系是一种管理职能，是一种有计划、有组织的活动。

（3）公共关系的基本原则与公众利益相一致，即实事求是，真诚相待。

（4）公共关系的直接目标是建立和完善各种社会关系，塑造本组织的良好形象，以实现组织的最终目标。

（二）公共关系的基本职能

公共关系的目标是建立和完善各种社会关系，塑造本企业的良好形象。因此，围绕树立电力企业的良好形象，公共关系需要做许多工作，这些具体的工作就属于公共关系的职能范围。具体讲公共关系有以下基本职能：

（1）采集信息职能。采集信息是公共关系工作的起点，也是公共关系的一项基本职能。公共关系所采集的信息包括电力企业环境信息、电力企业形象信息、电力产品形象信息等。

（2）参与决策职能。公共关系的工作人员在向决策层提供可靠的电力信息的基础上，必须参与决策，在决策中提出与公共关系工作有关的建议，考虑到公共关系的目标就是塑造本企业的良好形象，公共关系的工作人员在建议中要更多地考虑广大公众的利益。

（3）沟通传播职能。公共关系的工作人员根据电力企业所处的外在环境和企业的内在情况，确定传播的公众目标，并选择适当的时机和方式，将电力企业有关的信息及时、真实地传播给目标公众，起到与公众沟通的目的。

（4）培训教育职能。为了塑造电力企业的良好形象，就要不断改善内、外部公众的观念、态度和行为，并对他们进行知识教育和业务培训。

（5）控制协调职能。电力企业的公共关系计划在实施的过程中，总会发生实际与计划相偏离的情况，因此，需要根据计划衡量实际，进行有效的控制，以便随时向决策者提供信息。

（三）公共关系的促销职能

公共关系的主要作用是为电力企业塑造良好的形象，即通过改善电力企业的生产经营环境，赢得公众的理解和支持。良好的公共关系可以为电力市场营销铺平道路，可见公共关系具有促销职能，这种促销职能主要体现在以下几个方面：

(1) 有利于提高电力企业的知名度。电力企业在公众中的知名度是影响电力市场营销工作的一个重要因素，只有让更多的电力用户了解电力企业，了解电能作为二次能源的优越性，才能不断扩大电力企业在公众中的影响，才能有利于电力企业开发市场，不断提高电力市场占有率。随着电力体制改革的深入，电力异地交易的可能，扩大电力企业的知名度将显得越来越重要。

(2) 有利于增强电力用户对电力企业的好感与信任。在电力市场中，由于长期以来电力供不应求，造成电力企业的优越感，在多数电力用户心目中，电力企业缺乏良好的形象。通过公共关系改善电力企业在公众中的不良形象，增强电力用户对电力企业的好感与信任，使电力用户愿意更多地使用电能，并选择本电力公司的电能。

(3) 有利于电力企业充分了解电力市场供求信息。公共关系具有沟通传播职能，通过有效的公共关系，通过与公众的接触，及时了解电力市场的需求，了解电力用户的利益，推出电力用户需要的电力服务。

(4) 有利于处理好与电力用户的关系。有效的公众关系可以改善电力企业的生产经营环境，处理好与电力用户的关系，从而为电力市场营销排除了障碍。

（四）公共关系促销的特点

公共关系的促销职能具有以下特点：

(1) 广泛性。电力企业的信誉同其他企业一样要通过广泛的公共关系才能建立，要处理好各种社会关系。不仅要处理好与电力用户的关系，而且要处理好与电力市场的关系、与电力行业中其他竞争者的关系、与政府相关部门的关系等。因此，公共关系促销的内容具有广泛性，要通过各种形式，考虑到方方面面。

(2) 间接性。公共关系活动不是直接推销电力产品，而是通过推销电力企业，通过树立电力企业良好的形象来推销电力产品，因此具有一定的间接性。电力企业在进行公共关系促销时，必须通过树立电力企业的良好形象，使电力用户改变对电力企业的不良印象，主动接受电力企业，最终起到电力促销的作用。

(3) 能动性。公共关系不是在特定的环境下推销特定的商品，往往是通过改变环境，使环境变得更适合企业的发展。因此公共关系促销具有一定的能动性。如耗电产品在市场上会受到同样功能的非耗电产品的竞争，电力企业必须运用有关手段进行说明，向公众说明耗电产品的优点，同时采取改善服务等措施，争取电力用户的支持。

(4) 持久性。任何企业必须经过持久的努力才能树立良好的形象，短时间、个别的行动是没有用的。同时企业一旦树立起良好的形象，就要长久地保持下去。长期以来由于电力行业的垄断性，使着电力企业在公众心目中的形象不佳，虽然最近几年，随着电力供需的变化，电力体制改革的深入，电力企业在逐渐改变自身的形象，但仍需做长期、细致的工作。只有长期注重树立良好的电力企业形象，并使这种形象保持下去，才会有助于电力营销工作。

（五）公共关系的促销方法

提高企业声誉一般都会促进企业的销售，但并非所有通过提高企业声誉来促进企业销售的方法都属于公共关系促销的方法。如通过提高产品的质量来提高企业声誉，促进企业销售，这种方法就属于产品策略。公共关系促销的手段是双向信息沟通，涉及的主要方法有传播、利益调节、支持与赞助社会公益事业等。

1. 传播

传播是指电力企业利用各种媒介，将电力市场信息或电力营销观点有计划地与公众进行交流的活动。通过传播可以扩大电力企业的知名度，提高电力企业的美誉度，消除公众对电力企业的误解，加强电力企业与公众的感情。传播的主要内容有：

（1）电力企业本身的情况。包括电力企业的名称，电力企业的生产销售状况，电力企业过去的历史和现在的贡献，电力企业的经营宗旨与观念，电力企业对某些事物的看法，电力企业的重大活动等。

（2）电力产品的情况。包括电能的广告，电能安全、经济使用的方法，电能的服务等。

（3）某些问题的真相与性质。包括出现问题时及时进行事实澄清等。

传播的方式有公关广告、新闻报道、日常接待、沟通性会议等。

2. 利益调节

利益分为精神和物质两个方面，因此利益调节中也包含有精神和物质两个方面。利益调节的目的就是通过调节使企业与公众的关系达到协调与平衡。利益调节一般有以下三种趋势：

（1）补偿性趋势。补偿性趋势是指通过对电力用户在精神上和物质上的要求给予满足来达到双方关系的协调与平衡。通常在实际中，如果出现用户对电力企业的投诉与不满，作为电力企业不能回避，必须勇于面对，可以采用对用户给予精神上和物质上的满足，解决电力企业与用户之间的矛盾，使两者之间的关系达到平衡，从而使电力企业在公众中树立起良好的形象。

（2）惩治性趋势。惩治性趋势是指通过对电力用户在精神上和物质上的要求予以压制和剥夺来达到双方关系的协调与平衡。通常惩治的目的也是为了维护公众的利益。

（3）补偿惩治性趋势。补偿惩治性趋势是指既给予电力用户精神上和物质上的满足，又给予电力用户精神上和物质上的压制来达到双方关系的协调与平衡。

3. 支持与赞助社会公益事业

社会公益事业包括体育事业、文艺事业、教育事业、精神文明建设、各种专业奖项以及特殊事项赞助等。电力企业通过支持与赞助社会公益事业有利于提高电力企业的声誉，促进电力销售。

四、电力营业推广

（一）电力营业推广的概念

营业推广是一种重要的促销方法。营业推广不同于广告和人员推销策略，通常广告和人员推销策略带有持续性和常规性，而营业推广策略多用于一定时期、一定任务的短期特别推销，是一种不经常的、不规则的活动，常常作为一种辅助手段，起到刺激早期需求，迅速产生激励的短期效果作用。

所谓电力营业推广是指在一个较大的目标电力市场中，为了刺激电力需求、扩大电力销售而采取的鼓励电力购买的各种措施。在电力促销组合中，除广告、人员推销和公共关系之外，任何鼓励电力用户购买电力，提高电力企业促销的活动都被列为电力营业推广的范畴。

（二）电力营业推广的特点

（1）营业推广促销效果明显。在开展营业推广活动中，可以选用多种营业推广策略，只要选择适当，就会收到明显的促进销售的效果。营业推广不同于公共关系需要一个较长的时间才能见效。因此，营业推广适合于电力企业在一定时期、一定任务下的短期性的促销活动。

（2）营业推广的方式灵活多样。营业推广的方式各种各样，非常灵活，可以根据具体情况选择合适的方式。

（3）营业推广是一种辅助性的促销方式。人员推销、广告和公共关系是电力市场营销活动中常规性的促销方式，而多数营业推广方式是非正规性的，也是非经常性的。因此，营业推广只能是促销方式中的辅助性补充。

（4）营业推广能适应竞争对手的多变。由于营业推广的方式很多，在采用营业推广策略时，可以根据竞争对手的情况做适当的调整，选择有利于促进自身销售的方式。

（三）营业推广的方式

营业推广的方式多种多样，对电力企业来讲，要根据电力企业自身的特点、促销目标、电力市场环境等因素选择合适的方式。电力企业常用的营业推广方式有：

（1）解释宣传的方式。电力企业可以通过宣传电力产品，解释电力产品使用的优越性等方式，引导电力用户增加购买电能，促进电力销售。

（2）购买奖酬的方式。严格讲给予购买奖酬属于价格策略的范畴，但也可以认为是一种营业推广的方式。可以对大量使用电能的用户给予一定的奖金和奖品。

（3）购买抽奖的方式。对购买一定数量电能的用户给予奖券，可以参加抽奖活动。

（4）销售竞赛。对电力推销人员开展销售电能的竞赛，对获得优胜的推销人员给予奖励。

（5）交易折扣。对在一定时期内购进一定数量电能的用户给予一定数额的折扣，购买量越大，折扣越多。

（6）展示会。通过举办各种形式的展示会来促进电力销售。在展示会上可以展示使用电能的优点，以增加用户的电力购买行为。

第三节 发电市场具体促销策略

一、发电市场针对终端大用户的促销策略

（一）充分利用客户关系管理，定期访问用户，建立电力大用户档案资料

选择向发电企业直接购电的大用户，通常其购电量比较大，属于发电企业的重点营销对象。发电企业对这些用户必须给予高度重视。为了做好这些用户的营销工作，发电企业应该充分利用客户关系管理，定期访问大用户。

1. 定期进行访问

发电企业要组织专门人员对可能进行直接购电的大用户进行定期访问，了解这些用户对电力需求的具体要求，特别是对电能质量、供电可靠性、电量需求的变化等进行深入了解，便于发电企业及时调整策略，满足这些用户对电力需求的变化。

2. 充分利用客户关系管理，建立用户档案资料

对已经采取直接购电方式的用户和可能采取直接购电方式的用户分别建立用户档案资料，并充分利用客户关系管理，通过对用户详细资料的深入分析，来提高大用户的满意度，从而提高发电企业的竞争力。通常客户关系管理包括客户概况分析、客户忠诚度分析、客户利润分析、客户性能分析、客户未来分析、客户产品分析以及客户促销分析等七个方面。通过客户关系管理不仅可以帮助发电企业吸引更多的大用户直接购电，而且可以有针对性地对大用户实施营销活动，从而降低电力营销成本。

（二）对大用户售电采用电价优惠政策，吸引大用户直接购电的积极性

电价优惠可以属于电价策略，也可以作为一种电力营业推广策略。对大用户来讲，之所以采用向发电企业直接购电，本质上是为了降低购电成本。通常大用户将直接购电成本费用与输电成本费用之和同非直接购电成本相比较，选择成本费用低者作为购电途径。因此，发电企业为了吸引大用户直接购电，在购电电价上必须给予大用户一定的优惠。

二、发电市场针对中间输电市场的促销策略

（一）充分利用公共关系职能，提升发电企业的社会形象

公共关系的一个重要职能就是提升企业的社会形象，发电企业在面向中间输电市场时虽然不直接面向电力用户，但对发电企业来讲，此时的电网经营企业就是它的用户。因此，通过公共关系工作，加强与包括电网经营企业在内的各种社会关系，有利于提升发电企业的社会形象。

（二）充分挖掘内部潜力，降低电价，提高发电企业的上网电量

从本质上讲，降低电价属于电价策略，但也可以作为一种电力营业推广的策略。厂网分开后，发电企业竞价上网，电网经营企业依据发电企业的报价进行排序。因此，发电企业必须充分挖掘内部潜力，通过各种措施降低发电成本，提高发电企业的上网电量。

（三）充分利用自身优势，为中间输电市场提供各种辅助服务

为中间输电市场提供各种辅助服务应属于电力营业推广策略。发电企业为中间输电市场提供的产品与服务可以分为期货与期权产品、中长期合约产品、现货产品、辅助服务以及实时电力产品等，由于不同类型的发电企业自身情况不同，提供的产品和服务也就不同。其中辅助服务是电力交易中的一种重要服务形式，包括有功频率控制（AGC）、旋转备用、非旋转备用、替代备用、无功及电压支持、恢复及黑启动。发电企业可以根据自身优势，为中间输电市场提供各种不同的辅助服务。

第四节　售电市场具体促销策略

一、以优质服务为宗旨，全面提高售电企业服务质量

售电企业是一个直接面向电力用户的窗口，其服务质量的好坏直接影响售电企业在市场上的竞争力。为此，售电企业必须以优质服务为宗旨，全面提高服务质量。

（一）树立全员服务的观念

售电企业作为直接面向电力用户的窗口，首先应该在企业内部树立起全员服务的观念。要让每一个员工都意识到服务质量是售电企业竞争力的来源，是企业经济效益的源泉。要将提高服务质量作为售电企业员工的自觉行为，并落实到售电企业内部的每一个部门和每一个

生产环节。

（二）实施服务承诺制

售电企业作为一个服务性企业，应该根据需要认真制定服务承诺，并认真执行服务承诺。如对供电电量、供电电压、频率和供电可靠性作出承诺；对窗口服务作出承诺；对办事效率作出承诺等。对违反服务承诺和用户投诉的要加大查处力度，加强责任制考核，确保服务承诺的兑现，从而提高抢修速度，缩短停电时间，全面提高服务质量。

（三）建立危机管理机制

电网突发事故对社会经济和人民生活都将带来直接影响，因此，售电企业必须建立危机管理机制，妥善处理突发事故对用户造成的影响，缓解电力供需双方的矛盾，有效维护售电企业的形象。

二、加强广告宣传促销，提高电能在终端能源市场上的占有率

通过广告宣传等手段，使人们认识到电能是社会公认的最清洁、最安全、最高效的能源。虽然煤炭在我国能源消费结构中所占比重最大，但是大量煤炭直接燃烧会造成环境严重污染，因此，煤炭被替代是必然趋势。电能作为一种优质的二次能源，依据现行的能源政策，必将提高电能在终端能源消费市场的占有率。

售电企业可以采用广告宣传促销手段，利用电视、广播、杂志、报纸和网络等媒体宣传电能的优势，提高电能在终端能源市场上的占有率。

三、加强公共关系工作，全面提升售电企业的社会形象

（一）树立售电企业的特定社会形象

售电企业作为直接面向电力用户的一个窗口，必须高度重视自身形象。公共关系不同于广告、人员推销以及营业推广等其他策略，因为无论是广告、人员推销还是营业推广，其作用的范围主要是为企业销售产品服务，在树立企业形象方面所起的作用有限。而公共关系不仅仅是为企业的某一个方面服务，其作用的范围是整个企业，采取的形式也是多样化的。因此，加强公共关系工作，是售电企业全面提升企业形象的一种重要措施。

（二）强化售电企业的各种社会关系

售电企业在生产经营活动中，必然要与社会各个方面发生关系。通过加强公共关系工作，可以强化售电企业的各种社会关系，包括与电力消费者和电力用户之间的关系、与政府部门之间的关系、与媒介之间的关系、与社区之间的关系以及与竞争对手之间的关系等。使售电企业的工作得到各方的理解与支持，加强与各方之间的紧密关系。

（三）增强售电企业的内部凝聚力

公共关系不仅有助于沟通企业与外部的各种社会关系，同时还可以强化与企业内部职工之间的关系。通常可以通过公共关系工作将企业的经营宗旨、经营目标、经营战略等传递给企业的职工，同时将职工对企业的建议和意见传达给企业的有关部门，避免错误决策。并且，通过公共关系可以使企业上下同心协力为企业经营目标而努力，增强售电企业职工的凝聚力。

（四）化解售电企业面临的危机

售电企业在向用户销售电能的过程中，随时面临着电力事故、电力短缺等危机，容易与用户产生矛盾与危机。这些危机如果不及时解决，可能会给售电企业带来很大的损失。通过公共关系，对危机产生的原因进行分析，采取妥善办法进行化解，使售电企业摆脱矛盾和危机。

小结

- 电力促销策略
  - 电力促销概述
    - 电力促销的基本概念：是指电力企业以人员和非人员的方式，传递电力产品信息，帮助与说服电力用户购买电力产品，或使电力用户对电力企业产生好感，从而促进电力销售
    - 电力促销的基本作用：传递电力信息，提供相关情报；激发电力需求，促进电力购买；指导电力消费，扩大电力销售；利于企业竞争，改善电力服务
    - 电力促销的基本原则：遵守电力法律法规；遵守商业道德；讲究电力促销艺术；实事求是，以理服人
  - 电力促销基本策略
    - 人员推销：指电力企业通过派出销售人员与可能成为电力购买者的用户进行交谈，促进和扩大电力销售
    - 广告：是广告主通过特定的广告媒体，向传播对象传播商品、劳务、观念等方面的信息，以期达到一定的广告目的的一种信息传播活动
    - 公共关系：是指一个组织，以公众利益为出发点，通过有效的管理与双向信息沟通，建立和完善各种社会关系，塑造本组织的良好形象，以实现组织的最终目标
    - 电力营业推广：是指在一个较大的目标电力市场中，为了刺激电力需求、扩大电力销售而采取的鼓励电力购买的各种措施
  - 发电市场具体促销策略
    - 发电市场针对终端大用户的促销策略：充分利用客户关系管理，定期访问用户，建立电力大用户档案资料；对大用户售电采用电价优惠政策，吸引大用户直接购电的积极性
    - 发电市场针对中间输电市场的促销策略：充分利用公共关系职能，提升发电企业的社会形象；充分挖掘内部潜力，降低电价，提高发电企业的上网电量；充分利用自身优势，为中间输电市场提供各种辅助服务
  - 售电市场具体促销策略
    - 以优质服务为宗旨，全面提高售电企业的服务质量：树立全民服务的理念；实施服务承诺制；建立危机管理机制
    - 加强广告宣传促销，提高电能在终端能源市场上的占有率
    - 加强公共关系工作，全面提升售电企业的社会形象：树立售电企业的特定社会形象；强化售电企业的各种社会关系；增强售电企业的内部凝聚力；化解售电企业面临的危机

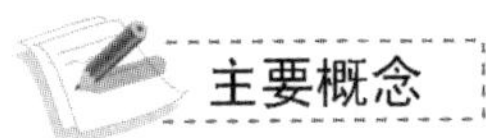

主要概念

电力促销、人员推销、广告、公共关系、电力营业推广。

思考题

1. 电力促销有哪些基本策略？
2. 人员推销具有哪些特点？
3. 广告如何进行分类？
4. 广告有哪些媒体？
5. 公共关系促销的特点是什么？
6. 电力营业推广具有什么特点？
7. 发电市场的具体促销策略是什么？
8. 售电市场的具体促销策略是什么？

参 考 文 献

1. 徐宪江. 最新电力改革与市场规范化运作. 北京：中国物价出版社，2001.
2. 柯进. 基于竞价的电力库交易模式的理论分析及仿真研究. 华南理工大学，2003 (5).
3. 梁小民. 西方经济学教程. 北京：中国统计出版社，1995.
4. 威廉哈根. 建造电力市场. 中国电力企业管理，2001 (8).
5. 宋承先. 现代西方经济学（微观经济学）. 上海：复旦大学出版社，1996.
6. 王颖秋. 电力市场运营模式研究及方案设计. 哈尔滨工业大学，2002 (3).
7. 唐文平. 我国电力市场化问题研究. 湖南大学，2001 (1).
8. 张文泉. 市场化——电力工业发展的必由之路. 电器时代，2000 (11)：15～16.
9. Baumol W J. Contestable markets：an uprising in the theory of industry structure. American Economic Review，1982 (72)：1～15.
10. 于尔鏙. 电力市场. 北京：中国电力出版社，1998.
11. 张文泉. 再论电力市场. 华北电力大学学报（社会科学版），1998 (4)：33～36.
12. 王锡凡. 有关当前我国电力市场若干问题讨论. 中国电力，2001 (10)：66～69.
13. Gibbons R. A Primer in Game Theroy. Prentice Hall Europe，1992.
14. 卢明湘. 构建基于网售分开的竞争性电力市场研究. 产业经济研究，2004 (1)：41～48.
15. Eaton B C，Eaton D F. Microeconomics. Prentice Hall，1995.
16. Wang Xifan. Equivalent energy function approach to power systems probabilistic modeling. IEEE Trans. on Power Systems，1988，3 (3)：823～829.
17. 王锡凡. 我国电力市场竞价模型框架探讨. 中国电力，2000 (11)：37～40.
18. Davild W Penn. Deregulation mythamaking aside：the answer is market structure. The Electricity Journal，2000，5：50～56.
19. 徐征雄. "十五"末我国电网发展展望. 国际电力，2001 (3)：7～10.
20. Milic，Galiana F，Fink L. Power systems restructuring：engineering and economics. Hotlan：Kluwer Academic Publishers，1998.
21. Sheble C B. Computational auction mechanisms for restructured power industry operation. Hotlan：Kluwer Academic Publishers，1999.
22. 何永祺，傅汉章. 市场学原理. 广州：中山大学出版社，1998.
23. 牛东晓，曹树华，赵磊，等. 电力负荷预测技术及其应用. 北京：中国电力出版社，1998.
24. 李端敏，杨延龄. 市场调查与市场预测. 北京：煤炭工业出版社，1987.
25. 刘新宇. 发电企业竞价上网对策研究. 华中科技大学，2002 (4).
26. 李伟. 火力发电企业战略选择及竞价策略研究. 西北工业大学，2002 (3).
27. 刘冀生. 企业经营战略. 北京：清华大学出版社，1995.
28. 武亚军. 90年代企业战略管理的发展与研究趋势. 南开管理评论，1999 (2).
29. 迈克尔·E·波特. 竞争优势. 北京：中国财政经济出版社，1998.
30. 迈克尔·E·波特. 竞争战略. 北京：中国财政经济出版社，1989.
31. Prahalad C K，Hamel G. The cor competency of the corporation. Harvard Business Review，1990：79～90.
32. 蓝海林. 企业战略管理理论与技术. 广州：华南理工大学出版社，1993.
33. 丁毓山，王宝军，陈洪松，等. 现代电力企业营销实务. 北京：中国水利电力出版社，2004.

34. 刘秋华. 现代企业管理. 北京：中国社会科学出版社，2002.
35. 马崇彪. 竞争是应对加入 WTO 的核心. 中国石化，2001（2）.
36. ［美］Thompson，Arthur A. 战略管理. 北京：北京大学出版社，2000.
37. 刘凤军. 市场营销战略与策略——企业营销成功的保证. 商业研究，1997（6）.
38. 谢胜. 论供电企业市场竞争策略. 沿海企业与科技，2006（4）.
39. 李坚. 商业化电网的经济运行及无功电压的调整. 北京：中国电力出版社，2001.
40. 马维新. 电力系统电压. 北京：中国电力出版社，1998.
41. 陈伟. 国外电力市场大用户直接购电问题初探. 湖南大学学报（社科版），2001（15）.
42. 刘向东. “大用户直购电”面面观. 中国电力企业管理，2001（5）.
43. 中国电力监管委员会. 电力用户向发电企业直接购电试点暂行办法. 2004.
44. 周纯. 我国电力市场中的电价问题研究. 武汉大学，2004（4）.
45. 言茂松. 电能价值当量分析与分时电价预测. 北京：中国电力出版社，1998.
46. 中国电机工程学会，全国用电与节能专业委员会. 电价与电费管理. 郑州：河南科学技术出版社，1987.
47. 郑斌，王秀丽. 电力市场电价理论的分析与综述（一）边际成本电价理论. 99 年全国高校电力系统及其自动化专业学术论文集，1999：1202～1207.
48. 刘厚俊. 现代西方经济学原理. 南京：南京大学出版社，1988.
49. 王相勤，丁毓山. 电力市场营销管理手册. 北京：中国电力出版社，2002.
50. 陶鹏德. 市场营销. 南京：河海大学出版社，1995.
51. 金江远. 加强北京电力营销管理. 华北电业，2006（3）.
52. 刘晖. 加强供电企业电力营销管理的方法. 新疆电力，2006（1）.
53. 何永祺，傅汉章. 市场学原理. 广州：中山大学出版社，1998.
54. 杨志荣，劳德容. 综合资源规划方法与需求方管理技术. 北京：中国电力出版社，1996.
55. 高宁. 运用四种手段加强电力需求侧管理. 大众用电，2005（8）：17～18.
56. 电力工业部计划用电办公室编译. 国外电力需求侧管理. 北京：中国电力出版社，1997.
57. 国家发改委经济运行局. 电力需求侧管理在中国之三——电力需求侧管理的国际经验及启示［J/OL］. http：//yxj. ndrc. gov. cn/dlxqgl/t20050809 _ 38954. htm，2005. 8. 9.
58. 国家发改委经济运行局. 电力需求侧管理在中国之二——电力需求侧管理一举多得［J/OL］. http：//yxj. ndrc. gov. cn/dlxqgl/t20050808 _ 38908. htm，2005. 8. 8.
59. 胡子珩. 电力需求侧管理全球发展经验及启示. 大众用电，2004（4）：61～64.
60. 赵晓丽，张素芳. 国内外电力需求侧管理措施对比研究. 电力需求侧管理，2005（5）：60～62.
61. 刘秋华. 电力市场营销管理. 2 版. 北京：中国电力出版社，2006.
62. 张文泉，王红云. 三论电力市场——协同论在电力市场中的应用. 华北电力大学学报，2000（2）：26～32.
63. 谭忠富，李晓军. 发电商向大用户直接供电的电价设计模型分析. 现代电力，2004（2）：86～88.
64. 谭忠富，李晓军. 发电商与输电商交易中的主从二级模型分析. 现代电力，2003（10）：100～103.